Luise Maria Ruhdorfer:

Gott im Verstand, das Herz in der Hand.

Erzählungen über ein geglücktes Leben.

LUISE MARIA RUHDORFER:

GOTT IM VERSTAND, DAS HERZ IN DER HAND.

ERZÄHLUNGEN ÜBER EIN GEGLÜCKTES LEBEN.

Re Di Roma-Verlag

Bibliografische Information der Deutschen Nationalbibliothek:
Die Deutsche Nationalbibliothek verzeichnet diese Publikation in der Deutschen Nationalbibliografie; detaillierte bibliografische Daten sind im Internet über http://dnb.ddb.de abrufbar.

ISBN 978-3-86870-382-5

www.rediroma-verlag.de
16,95 Euro (D)

Inhaltsverzeichnis

LMR1/11

Geburt, Taufe und Vornamen

Mit der Geburt ist das so eine Sache. Viele Kinder sind heute Wunschkinder, dafür sind aber die, die unerwünscht sind, umso mehr nur ein Klotz am Bein ihrer Eltern.

Wie ich nicht ganz ein Jahr vor dem Ende des zweiten Weltkrieges geboren wurde, hat sich herausgestellt, dass ich das falsche Geschlecht ausgewählt hatte, denn Mädchen waren damals überhaupt zu nichts nutze, allerdings geben aber nach wie vor noch immer ausschließlich die Frauen das Leben weiter, auch wenn die Medizintechnik heute viel ausgereifter ist, als sie es damals war.

Mit einer Geburt verbunden sind nicht nur existenzielle Fragestellungen, wie etwa jene einer entsprechenden Wohnung oder jene der Erhaltungskosten für den neuen Erdenbürger, wobei jedoch ein anhaltendes Dahinvegetieren am gesellschaftlichen Rand den Eltern um Einiges mehr abverlangt als eine gesicherte Position.

Was jedoch auf alle Paare zukommt, ist die Auswahl eines Namens, selbst wenn sich bei manchen der väterliche Anteil schon unmittelbar nach dem gemeinsamen Akt der Schöpfung verflüchtigen sollte, ja sogar wenn beide Elternteile nach der Geburt abhanden kommen, so ist es unerlässlich, dass das neue Wesen einen Namen erhält.

Von den ausgewählten Vornamen kann man Einiges ablesen, denn erstens spielt die Nationalität eines Elternpaares eine vorrangige Rolle. Es ist heute allerdings längst festzustellen, dass sich sogenannte Modenamen über ganze Kontinente hinweg ausbreiten, die Globalisierung beginnt also mit der Namensgebung. So gesehen hat es schon immer universelle Modewellen gegeben, die eine ganz bestimmte koloniale Kultur verursacht hat, denn was ist die Verbreitung des hellenistischen Gedankengutes oder die Ausbreitung der römischen Herrschaft sonst gewesen, und was, bitte, war etwa das Christentum Anderes, als eine weltweite Überflutung mit Heiligennamen.

Und es ist dann eine Frage der Selbstinterpretation, ob man sich mit dem von den Eltern ausgewählten Vornamen, neuerdings auch vermehrt mit dem Familien-, Zu- oder Nachnamen identifizieren kann, ob man die Idee seiner Eltern von einer ganz spezifischen Sendung annimmt oder verwirft, womit man dann meistens die Beziehung zu ihnen scheitern lässt, denn jede Differenzierung ist schwierig.

Der Erstgeborene einer Dynastie, von Inhabern eines bäuerlichen Anwesens über jene von Gewerbebetrieben und Industrieimperien bis zu adeligen Mitgliedern einer Familie, seien sie nun gräflicher, königlicher oder sogar kaiserlicher

Herkunft, muss wohl notgedrungen den großen Namen seines Vaters oder Großvaters tragen, damit ihm der imperiale Gedanke auch über alle Tiefen hinweghilft, während die Erstgeborene hingegen schon mehr Chancen hatte, denn sie konnte sich ja wenigstens für einen der möglichen Nachnamen entscheiden.

Gibt es aber in einem Gesellschaftssystem einen abrupten Umsturz, also eine politische Führung mit dem Totalitätsanspruch, Alles und Jedes erfolgreich regeln zu wollen, dann sind alle Überlegungen der Lebensspender null und nichtig, dann bestimmt die Parteipolitik des Führers auch die erlaubten Vornamen. So entdeckte ich die zivile Version meines ersten Vornamens erst mit neunzehn Jahren, als ich in den Postdienst eintreten wollte, denn in meinen Schulzeugnissen steht „Aloisia Maria“, während ich als Ehefrau, als Postbeamtin und als spätberufene Studentin „Luise Maria“ hieß bzw. als Pensionistin noch so heiße.

Bereits meine Mama hieß „Aloisia“, was zur Zeit ihrer Geburt allerdings ein Modename war, denn sie war bereits das siebente Kind ihrer Eltern. Als zweiten Vornamen erhielt sie „Angela“ von der Tagesheiligen an ihrem Geburtstag. Ich verehre den heiligen Aloysius von Gonzaga als Patron und bin stolz auf meinen Namen, denn schließlich bedeutet „Luise“ oder „Aloisia“ so viel wie „die Allwissende“ und die bin ich immer gerne gewesen. Meine Kosenamen sind jedoch sehr verschieden, sie bewegten sich bis jetzt zwischen „Loisi“, „Luisli“, „Luisi“, „Luza“, Louise“, „Loisca“, „Lojzca“, „Lojzika“ und noch welchen Formen.

Einige meiner Onkel und Tanten mütterlicherseits erhielten selbstverständlich die Vornamen ihrer Eltern und Großeltern oder von Verwandten, vor allem väterlicherseits, einige Modenamen, ein Sohn wurde auf die Vornamen unseres damaligen Kaisers getauft. Beide Großmütter hießen „Maria“ und von drei mir bekannten Urgroßmüttern hießen auch zwei so wie die Gottesmutter. Während die deutschen Vorfahren „Albin“, „Anton“, „Michael“, „Josef“ und „Wilhelm“ hießen, trugen die Kärntner slowenischen Ahnen Namen von Aposteln: „Janez = Johann“, „Andrej = Andreas“, „Tomaž = Thomas“, „Matej = Matthäus“, „Matija = Matthias“ und „Jernej = Bartholomäus“.

Als Kind verbindet man mit dem Geburtstag ein schönes Fest, Geschenke, und, dass man allmählich zu zählen lernt, wie alt man schon ist. Damals, als meine Großeltern geboren wurden, wurden die Neugeborenen gleich am nächsten Tag zur Taufe in die Kirche gebracht, zur Zeit der Geburt meiner Eltern während dem ersten Weltkrieg war das noch so ähnlich, dann im zweiten Weltkrieg, als ich geboren wurde, hat man mit der Taufe einige Wochen gewartet, damit der Kindesvater sie vielleicht doch noch miterleben konnte. Als meine Großeltern Kinder waren, wurden uneheliche Kinder von der Hebamme nach der Taufe einfach bei der Mesnerin oder bei einer reichen Bäuerin im Ort abgegeben, wenn die Kindesmutter das so befohlen hatte, weil sie nicht wusste, wie sie ihre Kinder durchbringen sollte. Von der Schande, die ihnen unsere katholische Kirche auferlegte, möchte ich gar nicht erst sprechen.

Als Mädchen beherrschte ich Slowenisch und Deutsch gleich gut, sogar gegenüber meinem Vater siegte meine Intelligenz eines Tages, weil er immer ein Knecht oder Arbeiter blieb, das allerdings mit Nachdruck und Stolz. Ich wollte vom Großvaterhaus nicht wegziehen, ich wollte von meiner Mama auch getragen werden wie mein kleiner Bruder, ich habe beim „Preitl"-Tragen (Palmbuschn) meine Orangen und Brezerl nicht verloren wie andere Kinder und ich kannte das „Ljubi angel, varuh moj" (Lieber Engel, mein Beschützer) sehr bald auswendig, weshalb mir dieser auch immer geholfen hat, besonders wenn ich mir das ganz innig gewünscht habe.

LMR2/11

Schule, Kommunion und Gott

Ob man das nun als Erwachsener göttliche Eingebung nennt oder sonst irgendwie mit übernatürlichen Kräften in Verbindung bringt, sei dahingestellt, jedenfalls hatte ich bereits als ganz kleines Mädchen die Fähigkeit, einen wunderschönen Augenblick als Bild in meinem Gehirn abzuspeichern, wobei ich mich danach nicht mehr an die Worte meiner Mama erinnern konnte, ich weiß nur, dass ich mich in einem hellen Licht eingeschlossen und sehr wohl fühlte, als sie mir was erzählte, während sie Socken stopfte. Durch diese Momentaufnahme konnte ich mir mein eigenes Urteil über die Intelligenz und die Fähigkeiten meiner Mama bilden.

Das nächste Ereignis, an das ich mich sehr plastisch erinnere, war der Gang von Goritschach, wo wir in einer Keusche wohnten, nach St. Stefan ins Bauernhaus meiner Oma/Babica. In der Wegkurve, von der aus man den St. Stefaner Kirchturm sehen kann, wollte ich von Mama auch getragen werden wie mein kleiner Bruder. Meine Mama beruhigte mich und empfahl mir, mich an ihrem Kleid festzuhalten, mit dem Hinweis, dass ich schon groß sei, mein Bruder aber noch klein. Mama hatte also kein Wagerl, mit dem sie meinen Bruder hätte bequem schieben können.

Und er muss sehr schwer gewesen sein, denn er hatte schon bei seiner Geburt viereinhalb Kilogramm, während ich zwei Kilo weniger auf die Waage gebracht hatte. Meistens trug Mama einen Rucksack auf ihrem Rücken, in dem sie dann die unterwegs eingekauften Lebensmittel verstaute.

Tati hatte mir einen Schlitten gemacht, vorne mit Bogen und keinen Hörnern, sodass ich mich nicht verletzen konnte, und hinten mit einer Lehne, dass ich nicht hinunterfalle. Und er zeigte mir auch, wie man damit vor der Keusche herunter fährt. Und ich durfte dann auch mit den anderen Kindern auf den großen Hügel. Das war sehr lustig. Ein größerer Bub hatte einen Hund zum Schlitten-Hinaufziehen.

Dann war ich einmal im Krankenhaus in Villach, in einem großen Saal. Damals hatte ich Paratyphus, war also in der Infektionsabteilung. Mama kam mich besuchen, in ihrem schwarzen Kleid, aber ich erkannte sie nicht mehr. Eine Schwester hob mich hoch, trug mich zur unheimlich großen und dicken Glaswand hin, hinter der eine Frau stand, eine mir vollkommen fremde Person. Erst als die Schwester mir sagte, dass das meine Mama sei, taute ich ein bisschen auf. Dann holte mich Tati im Krankenhaus ab. Wir fuhren mit dem Zug bis zum Bahnhof Finkenstein (jetzt Haltestelle Gödersdorf). Dort hatte Tati meinen Schlitten abgestellt. Ich sollte mich darauf setzen, folgte aber nicht und ging hinten nach. Plötzlich rutschte ich im Schnee aus und fiel auf die Schlittenlehne. Da zog ich mir eine kleine Platzwunde auf dem linken Jochbein zu. Diese Narbe sieht man heute noch.

Das nächste einschneidende Erlebnis war, dass ein Auto vor unserer Keusche vorgefahren kam, in das meine Mama liegend hineingeschoben wurde. Einige Frauen rannten zusammen und weinten. Und ich dachte mir: „Tut lieber was, damit meine Mama da bleiben kann." Dann kam der Heilige Abend (1949). Da war Tati mit uns Kindern allein zu Hause, Das Schlafzimmer und die Küche waren aufgeräumt. Mein Bruder und ich saßen auf je einem Sessel mitten im Zimmer, als Tati sagte: „Nun wollen wir sehen, was das Christkind für euch gebracht hat." Er ging hinaus ins Vorhaus und in die Speis und kam mit zwei Häferl zurück, in dem je ein kleiner Ball steckte. Er gab uns die Geschenke, als es plötzlich an der Schlafzimmertür klopfte. Herein kam eine Frau, die dem Tati was zu lesen gab. Er öffnete gleich und sagte: „Die Mama ist gestorben." Dieser Satz brannte sich mir auch als Standbild ins Gedächtnis ein. Diese Frau, die damals das Telegramm gebracht hatte, war die Trudi. Diese Briefträgerin war bis 1972 am Postamt Mallestig beschäftigt. Sie ging in

Pension, kurz bevor ich die Amtsleitung am auch knapp zuvor umbenannten Postamt Finkenstein übernommen habe.

Unsere Wohnung war folgendermaßen möbliert: ein Sparherd, ein Wassertisch, der Küchentisch mit Sesseln, eine Kredenz in der Küche; im Schlafzimmer zwei Kästen, zwei Ehebetten, mein eigenes Diwan-Bett, ein Tisch mit Sesseln, ein kleiner Ofen. Mamas Schlafzimmer war aus Föhrenholz gefertigt und braun eingelassen, sodass man die Maserung sehen konnte. Die Küchenmöbel waren aber deckend gestrichen. Solche Möbel hatten auch Mamas Geschwister, denn ihr ältester Bruder war Tischler.

Mama wurde dann beim vulgo Kovač/Schmied im großen Zimmer im ersten Stock aufgebahrt. Davon hatte Mamas jüngster Bruder Fotos gemacht, auch von den vor dem einstöckigen Haus wartenden Trauergästen und vom mit den Kränzen geschmückten Grabhügel. Ich kann mich nur erinnern, dass wir am offenen Grab standen, mein Tati und ich an seiner rechten Hand, als der Sarg in die Tiefe versenkt wurde. Da herrschte eine eigenartige Stille und Betroffenheit. Und plötzlich merkte ich ein Geräusch wie ein leises Rascheln. Ich blickte auf, zuerst in die Gesichter auf der gegenüberliegenden Seite. Und ich bemerkte, dass diese

Leute weinten. Dann schaute ich meinen Tati an. Und auch der weinte. Deshalb kamen mir dann auch die Tränen.

Das unterschied mich zeit meines Lebens von meinem Bruder Albin. Er war beim Begräbnis unserer Mama nicht mit dabei, weil er mit seinen drei Jahren noch zu klein dafür war. Ich war immer schon die Ältere und die Große. Und daher durfte ich mit meinen fünf Jahren an Tatis Seite stehen und von unserer Mama aktiv Abschied nehmen. Während ich also gewusst habe, wo sie fortan zu finden ist, versuchte mein Bruder sein ganzes Leben lang, sie dazu zu bewegen, dass sie von irgendwoher wieder zum Vorschein käme.

Der nächste große Einschnitt ließ nicht lange auf sich warten. Als ich nämlich eines Tages beim Erjan durch die hintere Haustüre hinein in die Küche stürzte, um meine Babica in ihrem Lehnstuhl zu begrüßen, der sich in der Nähe der Küchentüre befand, saß sie nicht dort. Auf meine Frage nach ihr schickte man mich mit einer Schale Kaffee in ihr Schlafzimmer hinein. Dort lag meine Babica auf ihrem Bett, ganz in Schwarz angezogen, mit einem Kopftuch, und die Hände auf ihrer Brust zum Gebet gefaltet. Und als ich ihr sagte: „Babica, jaz vam kavo prinesem.“ (= Oma, ich bringe euch einen Kaffee.), antwortete sie mir nicht. Ich wiederholte meine Aussage, wartete noch ein bisschen und eilte dann zurück in die Küche. Ich hatte begriffen, was los war. Da verstand ich die Erwachsenen wieder einmal nicht.

Ich hatte also zwei Bauernhäuser als Bezugspunkte: das eine mit der Hausnummer eins, als ehemalige Schmiede etwas abseits von der Ortschaft, und das andere mit der Nummer siebzehn, im Zentrum von St. Stefan gelegen. Erst vor Kurzem habe ich mir die totale Erschöpfung meiner Babica zusammengereimt: sie hatte zwölf Kinder, 1928 wurde ihr der Stadel angezündet, 1930 starb ein Sohn im Kindesalter und im Zweiten Weltkrieg hatte sie zahlreiche Unannehmlichkeiten zu überstehen. In der Nachkriegszeit setzten meiner Babica besonders die Winter sehr zu, zumal sie an chronischer Bronchitis litt. Zu Weihnachten 1949 war dann ihre Tochter Aloisia viel zu jung verstorben. Und so erlag sie selbst Anfang März 1950 einer Lungenentzündung.

Meine Babica war eine sehr gläubige Frau. Sie war zur Ausbildung als Hausfrau und Bäuerin in einer Klosterschule gewesen. Ihr Vater hatte ihr als Brautgabe den Bauernhof beim vulgo Erjan gekauft. Sie hegte nie Groll gegen andere Leute. Und wenn jemand was gestohlen hatte, sagte sie immer: „Wenn der das brauchen kann, dann ist das gut so.“ Sie hat ihre beiden Töchter in der Schweiz nie besucht. Die

Ausstellung eines Reisepasses scheiterte daran, dass sie sich darin mit ihrem Ledigennamen unterfertigt hatte.

Kurz nachdem meine Mama gestorben war, kam meine andere Großmutter aus dem Lavanttal herauf, um auf uns Kinder aufzupassen, während Tati zur Arbeit ging. Damals arbeitete er in einer Tischlerei in Müllnern. Wenn er frei hatte, spielte er manchmal im Schlafzimmer Verstecken mit uns. Ich durfte meinen Bruder aber nicht gleich sehen und musste mit dem Abklatschen warten, bis er es mit seinen kleinen Füßen vor mir geschafft hatte. Als aber die Aussaat begann, musste Großmutter wieder zurück hinunter nach Legerbuch bei St. Paul im Lavanttal, um ihrem ältesten Sohn den Haushalt zu führen, hatten doch die Bauersleute viel Arbeit auf dem Feld. Und Onkel Michael und Tante Gisela hatten damals schon alle ihre sieben Kinder, sodass diese Großmutter dort dringender gebraucht wurde. Und so beschloss der zweitjüngste Bruder meiner verstorbenen Mama, dass ich mit den beiden Schweizer Tanten mitfahren sollte, die zum Begräbnis von Babica gekommen waren. Er ließ für mich einen Kinderausweis anfertigen und schickte mich mit in die Schweiz, sodass Tati mit Albin allein zu Hause verblieb.

Im Zug deckte mich die ältere Tante mit meinem Mantel zu, sodass ich auf der Bank einschlief. Von der Haltestelle in der Nähe des Zielortes holte uns der Onkel mit dem Pferd ab. Der Mann der jüngeren Tante war schwer krank und daher nicht am Bauernhof anwesend. Zunächst war ich bei der älteren Tante, weil die aber den Laden im Dorf betreute, musste ich dann zur jüngeren wechseln. Dort lernte ich sehr viel nützliche Dinge wie Zähneputzen, Händewaschen u. ä. Gleichzeitig mit mir war der jüngste Bruder meiner Mama als Erntehelfer bei dieser Tante. Er fuhr mit dem Fahrrad auf das Feld, und ich wollte es auch unbedingt ausprobieren. Es fuhr mit mir immer schneller bergab, und weil ich das Rad nicht zu bremsen vermochte, fiel ich hin und zog mir ein Cut über dem rechten Auge zu. Auch diese Narbe sieht man heute noch. Dort wachsen mir seither keine Augenbrauen. Wir gingen in den Zirkus und einkaufen. Und eines Tages las mir diese Tante einen Brief von meinem Vater vor: „… Ich habe geheiratet. … Du musst nach Hause kommen und hier zur Schule gehen. …“ Interessant war für mich die Tatsache, dass mich Vater so gar nicht zu fragen brauchte.

Tante packte viele neue Kleidchen in einen braunen Koffer ein, auch eine neue Zahnbürste für mich und eine für meinen Bruder. Ich müsse ihm alles beibringen, was ich in der Schweiz gelernt habe, auch das Schuheputzen. Auf einem Bahnhof übergab sie mich an einen fremden Mann, der mit mir bis zur bereits bekannten Haltestelle fuhr. Und zu Hause im Schlafzimmer wartete die neue Frau auf uns, denn mein Bruder war bis zum Grenzbahnhof mitgekommen, was ein Foto bezeugt. Auch er war von der Tante neu ausstaffiert worden, und zwar im Design ihrer drei kleinen Buben. Auch die ältere Tante hatte drei Buben, allerdings war einer davon schon sehr groß. Unsere Stiefmutter erwartete uns mit feiner Nudelsuppe. Und nun passierte es mir zum zweiten Mal, dass ich kein Wort verstand. In der Schweiz habe ich die Kusins zuerst nicht verstanden und zu Hause die neue Frau meines Vaters, weshalb ich gleich Schläge ausgefasst hatte wegen meiner Sturheit.

Mein Wille zur Eigenständigkeit war dadurch aber nicht gebrochen. Zunächst begleitete mich Mutter zur Schule, wo die Frau Lehrerin Blumensträusschen auf jedem Sitzplatz vorbereitet hatte. Ich war die erste Schülerin und ich nahm nach den Erklärungen das Sträusschen von der dritten Bank beim Fenster. Am ersten Schultag wollte ich die I-Striche nicht gleich machen. Ich wollte zuerst spielen, weil draußen die Sonne schien. Mutter sagte, dass Vater gesagt hatte, was ich zu tun habe, aber das beeindruckte mich nicht. Und so hagelte es wieder Ohrfeigen. Ich weinte mir die Seele aus dem Leib, sodass die I-Striche ganz wackelig wurden und sich die erste Heftseite in alle Richtungen verbeulte. Von da an aber wusste ich, dass ich von der Schule schnell nach Hause gehen, mich umziehen, essen und die Hausübung machen musste, um dann erst den Müßiggang zu pflegen. Und weil ich von der Lehrerin sehr bald in die letzte Bank hinter versetzt wurde, setzte ich mich später gleich dorthin.

In meinen ersten Schulferien starb der Schwager meines Vaters in Fransdorf bei St. Georgen im Lavanttal, und da sich meine Eltern sowieso verändern wollten, ließ mich Tati nach diesem Begräbnis gleich bei der verwitweten Tante, damit ich von dort im Herbst rechtzeitig die zweite Klasse besuchen konnte. Ich wurde von der Lehrerin der Klasse extra vorgestellt mit dem Bemerken, auch Slowenisch zu können. Ich hatte kein Geld, um mir Hefte zu kaufen. Die bekam ich erst, als Tati mit der Familie mit einem Lkw im Spätherbst nachkam. Wir wohnten am riesigen Bauernhof dieser Tante in einem Zimmer.

Und da begann das Elend, denn wir hatten viel zu wenig zum Essen, mit der Zeit nichts mehr anzuziehen. Vater fuhr nach St. Andrä zur Arbeit, er sparte eisern auf ein eigenes Häuschen. Im Lavanttal sperrte ich meine Ohren ganz weit auf, damit ich die Leute in ihrem Dialekt verstehen konnte. Ich musste Mutter lange Zeit als Dolmetscherin zur Seite stehen. In der Schule war ich den Anderen sehr weit voraus, weil wir schon in der ersten Klasse mit Bleistift ins Heft geschrieben haben, während dann mein Bruder noch mit dem Griffel schreiben lernte. Ich sog alles Neue begierig auf wie ein Schwamm. Ich machte mir im Religionsunterricht meine eigenen Gedanken über die Allgegenwärtigkeit von Gott, der nur ein dreieckiges Auge besaß und im Tabernakel eingesperrt war. Während der Erstkommunion-Vorbereitung erschien mir Jesus als mein persönlicher Freund.

Dann feierte mein dortiger Kusin eine riesige Hochzeit. Wenige Monate später bekam ich einen Halbbruder und ich vertraute der Aussage der Frau mit der schwarzen Tasche nicht. Ich fühlte mich sehr schlecht. Meine neuen Zähne faulten, ich war viel zu oft sehr hungrig, ich machte mein bisschen Wäsche selber, ich wusch auch die Windel des Babys, ich litt an Schuppenflechte. Mein Bruder vergaß die Hausübung, verlor seine Mützen und wurde von unserer Mutter jedes Mal mit Schlägen bestraft. Eines Tages flehte ich Jesus auf dem Nachhauseweg von der Schule um Hilfe an. Er sollte mich da herausholen. Ich wollte dort hinauf, wo meine Mama begraben lag.

LMR3/11

Zugfahrkarte, Firmung und Kultur

Es gab dort im Lavanttal niemand, der Zither spielen konnte, also durfte ich nicht lernen, auf Mamas Zither zu spielen. Oft blätterte ich in den Noten meines Großvaters mütterlicherseits, und auch in der alten Zitherschule. Vater verkaufte seine Harmonika. Er kaufte von seinem dortigen Neffen einen Baugrund und begann mit den Vorbereitungen zum Hausbau. Obwohl meine Lehrerin darauf beharrte, dass ich ins Gymnasium gehen müsse, bewilligte mir Vater nur die Hauptschule in Wolfsberg.

Einige Zeit hat Vater mit uns in diesem Küche-Zimmer wenigstens noch sonntags gespielt. Dann hörte er aber damit auf, für uns am Boden mit dem Zimmermannsbleistift immer dasselbe Männlein auf einen alten Zuckersack zu zeichnen. Mutter hatte immer etwas an ihm auszusetzen. Und sie nörgelte auch auf mir immer herum. Ich bemühte mich sehr, ihr möglichst wenig Angriffsfläche zu bieten, um Diskussionen und Schläge von vornherein zu vermeiden, aber es gelang mir nicht immer, denn ich war ihr ein Dorn im Auge, ein ständiger Stein des Anstoßes, weil sie ihre uneheliche Tochter, die ein Jahr jünger war als mein Bruder Albin, hatte bei ihrem Vater und seiner Lebensgefährtin zurück lassen müssen, als sie meinen Vater heiratete.

Als ich die vierte Klasse Volksschule besuchte, beschloss mein Vater, dass ich gleich auch zur Firmung gehen sollte. Ich musste mich daher beim Herrn Pfarrer für die Firmung als nicht einmal Zehnjährige anmelden und ich musste das damit begründen, dass ich dann während der Hauptschulzeit nicht würde zum Firmungsunterricht kommen können. Mein Vater sagte mir, dass seine Schwester, die Altbäuerin auf dem Hof, in dessen einstöckigem Wohnhaus wir im Parterre unser Küche-Zimmer hatten, meine Firmpatin sein werde, weil er für mich nicht herumfahren werde, um jemand Anderen darum zu bitten.

Und so geschah das auch! Während mir für die Feier der Erstkommunion die Frau Jakobitsch, Schneiderin und Mutter eines Mitschülers, ein wunderschönes Kleidchen genäht hatte, u. zw. gratis, bestellte meine Firmpatin mein fast bodenlanges weißes Firmungskleid bei der Hafner Rosi, der Weißnäherin in St. Georgen i. Lav. Meine Tante machte mir am Tag vor der Firmung Locken mit ihrem Brennstab in meine langen Haare, und am Tag Christi Himmelfahrt gingen wir beide zum Frühzug um sieben Uhr und fuhren zur Firmung nach Wolfsberg. Mein Vater hatte mir bei einem Standler auf einem Markt in St. Georgen braune Halbschuhe um hundert Schilling gekauft. Und diese Schuhe verloren beim Gang über die taunasse Wiese vorne an den Kappen bereits ihre Farbe, sodass sie dann schon an der Haltestelle grau und schäbig aussahen. Nach der Firmung gingen meine Firmpatin und ich in ein Gasthaus am Hohen Platz was essen und dann fuhren wir wieder nach Hause. Tante war böse auf meinen Vater.

Eines Tages tauchte eine Frau bei uns auf. Sie sprach sehr eindringlich auf unsere Mutter ein. Sie sagte, dass sie uns schon oft Geld geschickt habe, u. zw. Silbermünzen. Und sie lud meinen Bruder und mich ein, die großen Ferien bei Mamas Geschwistern in St. Stefan zu verbringen. Mutter müsse mit unserem Vater darüber sprechen. Diese mir fremd scheinende Frau war Mamas zweitälteste Schwester, die in Villach lebte und Regiefahrerin war und als solche eine ganz günstige Zugverbindung nach St. Georgen hatte, sodass sie an einem Tag herunter- und wieder zurück hinauf fahren konnte. Mutter erzählte unserem Vater davon. Vater verhinderte unseren Ferienaufenthalt in meinen großen Ferien zwischen der vierten Klasse Volksschule und der ersten Klasse Hauptschule damit, dass ich dieser Tante sagen musste, dass ich nicht hinauf wolle zu den Verwandten, weil ich im Sommer bei kirchlichen Umzügen „die Fahne tragen“ müsse. Doch diese „Münzen“-Tante kam wieder, immer wieder. Vor den nächsten großen Ferien wendete sich das Blatt plötzlich, weil Mutter Vater den Vorteil klar gemacht hatte, dass sie dann „zwei Esser weniger" zu versorgen hätten.

Und so kam der ersehnte Tag, an dem mein Bruder und ich mit meinem braunen Schweizer Köfferchen und sehr wenigen Kleidungsstücken darin mit dem Triebwagen die Haltestelle St. Georgen im Lavanttal in Richtung Lavamünd verließen, um bei den Verwandten in St. Stefan die großen Ferien zu verbringen. Vater hatte mir erklärt, worauf ich achten müsse, welche Züge ich auswählen müsse, wie wir in Klagenfurt und Villach umsteigen müssen, wo wir dann schließlich aussteigen müssen.

Ich war zehn und mein Bruder acht Jahre alt. Und ich hatte die gesamte Verantwortung. Ich war sehr nervös. Und ich wusste nichts damit anzufangen, dass der Triebwagen an der Haltestelle in Rabenstein sehr sehr langsam fuhr und im einzigen Waggon draußen vor dem Führerstand, wo die Einstiegstüren waren, plötzlich ein Uniformierter erschien. Dieser Triebwagen verkehrte nämlich als Korridorzug zwischen Lavamünd und Bleiburg. Ach ja, die Lehrerin in der vierten Klasse hat mich dazu einmal befragt, und ich habe die Antwort nicht gewusst, weshalb sie mir eine solche Ohrfeige verpasste, dass ich total auf den Hinterkopf gefallen wäre, wäre nicht die Schülerin hinter mir aus der Dreierbank gesprungen und hätte sie mich nicht spontan aufgefangen. Das war übrigens meine einzige Strafe in meiner Pflichtschulzeit.

Dann fuhr der Zug wahnsinnig langsam über die Brücke vor Unterdrauburg. Und diese Brücke hatte nicht einmal ein Geländer, um den Waggon aufzufangen, wenn er in dieser Kurve plötzlich umkippen sollte. Wir würden viele Meter hinunter in die reißende Drau fallen und darin ertrinken. Dann fuhr der Zug in die Station Unterdrauburg ein und hielt an. Und dann kam der Lokführer mit dem Lenkrad in der Hand und ging auf die andere Seite des Zuges. Dann fuhren wir in die andere Richtung wieder aus diesem Bahnhof hinaus und weiter durch ein sehr enges Tal. Dann stieg der Beamte, der draußen stand, wieder aus, und dann kam Gott sei Dank der Bahnhof Bleiburg.

Dann las ich alle Bahnhofsschilder, denn in Klagenfurt am Hauptbahnhof, da mussten wir die Stiege hinunter gehen, dann unten durch und auf der anderen Seite wieder hinauf auf den Bahnsteig eins, und da würde dann ein Schnellzug nach Villach fahren, und in den mussten wir einsteigen. Und in Villach am Hauptbahnhof gab es dieselbe Prozedur. Dort mussten wir in den Zug nach Rosenbach einsteigen und der musste dann in Müllnern über die linke Gailbrücke fahren.

Ich konnte mich an die Umsteigeprozedur auf großen Bahnhöfen noch erinnern, denn als ich noch ganz klein war, fuhr Tati mit Mama und mir einmal seine Mutter besuchen. Damals musste man noch über Zeltweg fahren. Und da gingen wir auch über eine Stiege mit tiefen Stufen ewig weit hinunter, dann durch einen finsteren Tunnel hindurch und auf der anderen Seite wieder auf sehr hohen Stufen ewig weit hinauf. Komisch fand ich, dass die Stufen diesmal nicht mehr so hoch waren, der Tunnel nicht ganz so finster und die Stiege nicht so hoch hinauf wie in meiner Erinnerung.

Vater hatte mir genaues Geld mitgegeben für die beiden Fahrkarten, wir zahlten als Kinder den halben Preis, und der Herr in der Haltestelle in St. Georgen musste die Fahrkarte mit der Hand schreiben. Und ich musste auch darauf achten, dass ich gleich, nachdem wir im richtigen Zug Platz genommen hatten, mein weißes Taschentuch aus meinem Sack im Kleid würde herausnehmen, um damit aus einem rechten Zugfenster der Großmutter zuzuwinken, die auf dem Bankerl auf dem Hügel nach der Haltestelle sitzen und uns mit ihrem großen weißen Taschentuch zuwinken würde. Dieses Bankerl stand in der Nähe des Gehöftes ihres Sohnes, sodass

Großmutter nicht den großen steilen Hügel herunter zur Haltestelle zum Verabschieden und dann wieder mühsam zurück hinauf würde gehen müssen.

Das mit dem Winken hatte geklappt und das mit der Fahrt auch und das mit dem Umsteigen und dem Finden der richtigen Züge und dem Aussteigen auch. Und schließlich kamen wir an der Haltestelle St. Stefan-Mallestig (jetzt Finkenstein) an. Und wir stiegen aus. Und ich sah die Kirche mit dem Zwiebelturm auf dem Hügel und da wusste ich, dass wir es geschafft hatten. Da fühlte ich mich so zu Hause, als wäre ich niemals von hier weg gewesen, jedenfalls keine vier Schuljahre lang. Und wir verlebten sehr schöne, sorglose Ferien bei der ältesten Schwester unserer verstorbenen Mama. Wir spielten viel mit den Kusins, aßen gut und ratschten mit den Verwandten und wir badeten im Bach am Sägewerkswehr. Ich hätte dem um zwei Jahre älteren Sohn dieser Tante Nachhilfe in Englisch geben sollen, aber der interessierte sich absolut nicht dafür. Die Verwandten kauften uns neue Kleider oder sie gaben uns Geld, und wir fuhren früh genug wieder zurück ins Lavanttal, um dort wieder zur Schule zu gehen.

In die Hauptschule war Mutter ein Jahr vorher am ersten Schultag mit mir mitgefahren und sie hatte sich wochenlang darüber geärgert, dass die Lehrer überhaupt keine Einkaufsliste vorbereitet hatten, sodass sie umsonst mit mir mitgefahren war und „soundsoviel Geld für die Fahrkarte zum Fenster hinaus geschmissen“ hatte. Vater hatte für mich fünfhundert Schilling vorbereitet und diese Banknote bekam ich dann am nächsten Schultag mit, um mir die notwendigen Hefte und Bücher und Sonstiges zu kaufen. Doch das zog sich mindestens zwei Wochen hin. Jedenfalls hat mir Mutter den Weg zwischen Hauptbahnhof und Schule und die notwendigen Geschäfte gezeigt. Wie ich die Hefte und Bücher einzubinden habe, das hat mir Vater schon in der Volksschule beigebracht.

Ich ging zuerst in die Hauptschule in der Nähe der Stadtpfarrkirche, u. zw. in den C-Zug. Nach einigen Monaten musste Mutter zum Direktor. Ich hatte schon Angst vor einer Moralpredigt und fürchterlichen Schlägen, aber der Herr Direktor sagte zu Mutter, sie müsse mir ein ganz bestimmtes Mathematikbuch kaufen und mich zu jemand schicken, der mir darin das Bruchrechnen erklären könne, und wenn ich dann darüber eine gute Prüfung ablegen würde, dann könnte ich in die Mädchenhauptschule in Priel in den A-Klassenzug wechseln. Ich sah mir dieses Mathematikbuch an und ich schaute mir die Bruchrechnungen an und dann ging ich zu einer etwas älteren Schülerin in Andersdorf, die die Ordenshauptschule in St. Andrä besuchte und nur am Wochenende nach Hause fuhr. Sie erklärte mir einmal was über das Bruchrechnen. Dann dachte ich logisch nach und ich überlegte mir diese theoretischen Rechnungen in Form von Litern, also ein halber Liter und noch ein halber Liter sind zwei halbe Liter, also ein Liter, und fünfmal ein halber Liter sind … usw. usf. Und ich bekam auf diese Schularbeit eine gute Note und ich wechselte nach Priel und ich kam in eine wunderbare Klasse mit einer tollen Klassenlehrerin, die Deutsch, Englisch und Musik unterrichtete.

Und ich brauchte erst ab der zweiten Klasse wirklich was zu lernen, als wir Balladen und Musiker durchnahmen und als die griechische Mythologie Stoff war. Teils habe ich die Lehrinhalte mangels an Wortschatz nicht verstanden, teils habe ich die Notwendigkeit der Vermittlung von Lehrstoff nicht eingesehen, denn wozu würde ich jemals Bach, Gluck und Händel kennen müssen, wo mein tägliches Überleben nicht abgesichert war, und wozu würde ich die griechische Mythologie brauchen, wo ich Jesus als Freund hatte.

Wir machten jedes Jahr einen großen Ausflug, und so kam ich auf den Großglockner, nach Graz und nach Wien, nur auf Schikurs durfte ich nicht mitfahren. Ich war auch im

Schülerchor, wo ich die 2. Stimme sang, aber mit der Zeit wurde mir das oftmalige Fragen zu viel, sodass ich Vater schon gar nicht mehr um Bewilligung bat, sondern gleich alles absagte, denn Vaters geflügeltes Wort mir gegenüber war: „Ich habe kein Geld!"

In den großen Ferien fuhren wir weiterhin nach St. Stefan zu Mamas Geschwistern, nur waren wir ab dem zweiten Mal beim ältesten Bruder meiner Mama, also nicht beim vulgo Kovač, sondern beim vulgo Erjan untergebracht. Und da mussten wir mit aufs Feld gehen. Das war eine sehr harte Schule, aber ich habe dabei sehr viel gelernt und ich wäre auch sehr gerne Bäuerin geworden, wenn sich später ein entsprechender Bauer bei mir gemeldet hätte. Vater und Mutter interessierte es im Übrigen kein einziges Mal, ob wir auch richtig angekommen sind, wie es uns geht, ob wir früh genug wieder zurückkommen. Das lag alles allein in meiner Verantwortung. Und einmal habe ich in Villach tatsächlich den falschen Zug erwischt. Und statt gleich in Müllnern oder in Fürnitz auszusteigen, habe ich noch zugewartet, bis der Schaffner kam, der uns in Arnoldstein aussteigen ließ und dem Stationsvorstand Bescheid sagte. Wir durften nämlich mit dem nächsten Zug gratis zurückfahren, denn ich hatte keinen Groschen Geld bei mir. Wir sind dann nicht bis Müllnern zurückgefahren oder bis Warmbad Villach, sondern wir sind in Fürnitz ausgestiegen und zu Fuß nach Mallestig (heute Finkenstein) und weiter nach St. Stefan gegangen, u. zw. auf der Bundesstraße, wobei ich mich am Verlauf der Karawanken orientiert habe, bis ich wieder den Kirchturm von St. Stefan gesehen habe.

Während ich zur Volksschule eine halbe Stunde in einer Richtung zu gehen hatte, brauchte ich zur Bahnhaltestelle mindestens drei Viertel Stunden, und dann brauchte der Dampfzug für die zwanzig Kilometer auch drei Viertel Stunden, weil unterwegs noch die Milchkannen aus- und eingeladen wurden. Mein Schülerzug fuhr um sieben Uhr in der Früh nach Wolfsberg und um vierzehn Uhr wieder von dort zurück. Manchmal war ich entsetzlich müde, als ich zu Hause war, besonders im Sommer, wenn es sehr heiß war, denn ich kam um drei Uhr am Nachmittag nach Hause.

Als ich die erste Klasse der Hauptschule besuchte, und das Frühjahr kam, begann Vater mit dem Hausbau. Er zeigte mir, wie man die Rasenziegel ausschneidet, abhebt und wie man damit eine natürliche Stützmauer entlang des Fahrweges errichtet. Vater hatte mir zu diesem Zweck ein altes Sägeblatt auf einen langen Stiel montiert und er hatte eine eigene Scheibtruhe angefertigt, u. zw. aus Holz, sodass sie schon leer sehr schwer für mich war. Und nun musste ich nachmittags die Rasenziegel von der Grundfläche des zu errichtenden Hauses entfernen und ich musste dann auch das Erdmaterial ausheben. Und ich habe sehr oft beim Schalen, Betonieren, Ausschalen des Kellers usw. geholfen, mit zehn Jahren. Ich musste z. B. aus den Schalbrettern die Nägel herausziehen und sie gerade klopfen und die Bretter dann vom restlichen Beton befreien und mit der Reibbürste einzeln abreiben, denn Vater würde sie später für den Fußboden brauchen.

Als ich die zweite Klasse der Hauptschule besuchte, wohnten wir schon im Keller, der vier Räume aufwies. Im Vorraum war zugleich der Schweinestall, dahinter der Most- und Erdäpfel- sowie Rübenkeller; vom Vorhaus ging es auch in die Küche, in der in einer Ecke hinaus in eine kleine Grube ein offener Jauchekanal verlief, der nur mit einem Brett abgedeckt war. Und in dieser Küche hatten mein Bruder und ich ein gemeinsames Bett, wobei ich immer außen schlief, meistens auf der davor stehenden Bank. Hinter der Küche war das Schlafzimmer der Eltern, wo auch unser Halbbruder in den Ehebetten schlief. An den Wänden in der Küche lief im Winter Schwitzwasser herunter. Gelüftet wurde nur sehr selten. Und Petroleum war äußerst kostbar.

Am Samstag vor dem Muttertag im Jahre 1956 brannte in der Früh der Stadel beim vulgo Juri, und Vater war als erster oben auf der Brandstelle. Er war gerade auf dem Plumpsklo, als er entsprechende Beobachtungen gemacht hatte. Wir hatten vorher beim Juri gewohnt, und es stellte sich heraus, dass der Kusin große Schulden und daher den Stadel selbst angezündet hatte, wohl wissend, dass man meinen Vater verdächtigen würde, der unserer Mutter einschärfen musste, den Gendarmen endlich die Wahrheit zu sagen, denn sie hatte ihrem Neffen die verletzten Unterarme verbunden.

Als wir im Keller wohnten, hatten wir mehr zu essen, denn wir hatten auch Hasen; das Schweinefleisch war allerdings für Vater reserviert. Und wir hatten viel eigenes Gemüse. Mutter kochte eigentlich gut, nähte und sang sehr schön, verstand zu malen, aber mir hat sie nur wenig beigebracht, weil ich es so viel besser hatte als ihre Tochter.

Nach der vierten Klasse Hauptschule fuhr ich allein in die Ferien, denn ich sollte im Kaufhaus Warmuth in Villach als Verkäuferin unterkommen. Ergeben hat sich dann aber der Besuch der HAK. Eine Tante hat mich einfach angemeldet, und Vater musste heraufkommen, um zu unterschreiben. Meinen Bruder brauchte er zu Hause für den Hausbau.

LMR4/11

Mittelschule, Aufklärung und Reklame

Ich hatte in der Hauptschule ein sehr gutes Abschluss-Zeugnis mit nur drei Zweiern. Und als der Herr Direktor noch während des Sommerhalbjahres besondere Förderstunden in Mathematik für jene Schülerinnen anbot, die zum Besuch einer höheren Schule angemeldet waren, ging ich auch einmal hin, aber ich merkte, dass mir das nichts bringen würde, denn er nahm nicht wirklich was Neues durch. Mutter begleitete mich zu einigen Geschäftsinhaberinnen, aber ich wusste nicht, wie ich mich verhalten sollte, und daher wurde aus diesen Lehrstellen auch nichts.

Ich wohnte ab Herbst 1954 beim „Tischler"-Onkel beim vulgo Erjan (kommt von Jürgen) und besuchte von dort aus die Handelsakademie in Villach. Die erste Klasse ging an mir vorüber, in der zweiten Klasse hatte ich dann massive Schwierigkeiten in Deutsch. Ich konnte mich beim Lesen der vorgeschriebenen Literatur nicht konzentrieren, ich stellte mir zu viele Sinnfragen, ich konnte nicht auswendig lernen, ich hatte dann eine Nachprüfung und fiel dabei durch. Die Erjan-Tante empfahl mir, die Klasse zu wiederholen. Ich hatte große Angst vor Vaters Reaktion, aber er schickte mir weiterhin monatlich zwischen 150 und 200 Schilling, außer im Juli und August, und im September einen Fünfhunderter per Postanweisung. Ich schrieb ihm ab und zu einen Brief, und immer, wenn ich Geld brauchte, schrieb er, dass er keines habe. Dann habe ich irgendwann wieder aufgehört, darum zu bitten. Allerdings habe ich Jesus inständig gebeten, sich was einfallen zu lassen, dass ich nicht würde nach London auf Maturareise mitfahren müssen, denn dafür hatte ich wirklich kein Geld, obwohl wir ab der ersten Klasse monatlich in einen Topf einzahlten. Und deshalb die prompte Erledigung, daher der Wechsel in eine andere Klasse!

Dann hatte ich keine Schulprobleme mehr, obwohl ich selbstverständlich im Haushalt mithalf und auf dem Feld mitarbeitete, sodass ich meistens erst am Abend mit der Hausübung begann, wenn die anderen schlafen gingen. Im vierten Schuljahr habe ich dann allerdings nicht mehr praktisch gearbeitet, sondern nur noch gelernt wie eine Wilde, um zur Matura zugelassen zu werden und sie auch möglichst gut zu schaffen. Manchmal nähte mir jemand ein Kleid, manchmal bekam ich von einer Gönnerin einen Hunderter zugesteckt, zum Schluss hatte ich bei der Erjan-Tante Schulden. Der „Tischler"-Onkel hat mir einmal eine sehr schöne Füllfeder gekauft, und meine Taufpatin hat mir neue Kleider für die Matura geschenkt.

Noch bevor ich allerdings wusste, wie man „als Frau“ zu einem Kind kommt, wurde mir allerhand über Abtreibung und Hebammen beschrieben, wurde mir immer dieselbe Horrorgeschichte über die falschen Partisanen, die Gestapo und die Konzentrationslager im Deutschen Reich erzählt, wurde mir immer wieder die Geburt eines Kindes auf einer Tragbahre geschildert. Während die Beschreibung doch fabelhaften Charakter besaß, also beliebig abwandelbar war auf viele Frauen in meinem Geburts- und Heimatdorf und darüber hinaus, war die KZ-Geschichte so was wie eine sich auf Knopfdruck abspielende Filmrolle im Hirn einer ganz bestimmten Bezugsperson, wohingegen die Schilderung der Geburt auf der Tragbahre einige konstante Variable aufwies.

Als ich selbst zu „bluten“ begann und damit absolut nichts anzufangen wusste, wurde ich sehr plastisch und mehr oder weniger dramatisch auf die krassen Folgen von Abtreibung aufmerksam gemacht, die zu Zeiten meiner Kindheit von der amtierenden Hebamme an ein- und derselben Frau auch mehrmals im Jahr vorgenommen wurde, um diese von weiteren Schwangerschaften zu befreien. Das war damals wohl so die einzige Verhütungsmöglichkeit, in einer Zeit, da die römisch-katholischen Priester ihrem Mehrheitsvolk, also v. a. den gläubigen Frauen ununterbrochen das Pauluswort predigten, wonach sie ihren Ehemännern ungeteilt und jederzeit gehorsam zu sein hatten und das natürlich ganz besonders in der körperlichen Zuneigung und Liebe. Das Blöde ist nur, dass besagter Hebamme im Laufe ihrer Karriere zwei Frauen an diesem gutgemeinten Eingriff verstorben sind, und dass die Kinder dieser Frauen dafür büßen mussten, weil sie sehr sehr bösartige Ersatzmütter bekamen, die auf ihre Vorgängerinnen ihr ganzes Leben lang eifersüchtig waren, weil sie ihnen weder geistig noch menschlich das Wasser reichen konnten, weshalb sie aus einer unerklärlichen Angstpsychose heraus die Kinder aus der ersten Ehe auch für ihr Lebensschicksal verantwortlich machten. Vielleicht waren diese Ersatzmütter mit den bereits vorhandenen Kindern überfordert, weil das ältere Kind in beiden Fällen ein sehr begabtes Mädchen war, das Fragen und Ansprüche stellte, oder weil diese insgesamt vier Kinder wegen ihrer Hellhörigkeit überhaupt nicht leicht zu handeln waren. Jedenfalls sind diese beiden Frauen elendiglich zu Grunde gegangen, denn sie konnten ja den Grund ihrer Schmerzen nicht preisgeben, dann hätte die Hebamme wohl ihre Zulassung verloren, und damit wäre den Frauen im Allgemeinen überhaupt nicht geholfen gewesen.

Darüber habe ich sehr oft nachgedacht. Und eines Tages bin ich zum Schluss gekommen, dass diese beiden Frauen vermutlich Rhesusfaktor negativ hatten, sodass sich nach der einen oder anderen Schwangerschaftsunterbrechung Antikörper gebildet hatten, was zur Blutvergiftung und zum Tod geführt hatte. Die Leute erzählten sich darüber hinter vorgehaltener Hand auch viele andere Horrorgeschichten, angefangen vom Blinddarmdurchbruch über eine starke Verkühlung bis zur einen oder anderen Krebserkrankung.

Und gemeinsam ist diesen beiden Fällen auch, dass sich die hinterbliebenen Familienväter total ahnungslos gaben, dass sie sich als einzige und wirkliche Schlachtopfer der Familientragödie fühlten, als mit jeweils zwei kleinen Kindern zurückgebliebene und treu sorgende Familienväter, die allerdings mir nichts dir nichts wieder eine Frau fürs Intime gefunden hatten. Und eben dieser zweiten Frau waren die Kinder der ersten Frau so sehr im Wege, dass eine der beiden die älteste Tochter sogar im Wald aus dem Weg zu räumen versuchte, was ihr aber aus unerfindlichen Gründen nicht gelang, wohl deshalb nicht, weil dieses Mädchen schon im Vorschulalter ganz urplötzlich mit beiden Beinen im Leben stand, ohne die Kindheit genießen zu können. Die Frau war mit einem Rechen auf das Mädchen losgegangen.

Interessant ist in diesen beiden Fällen auch, dass die vier Kinder niemals ein böses Wort über die Hebamme verloren, denn die half selbstverständlich, wo sie nur konnte, zumal ja sowohl Staat als auch Kirche schon damals geflissentlich über die gesellschaftlichen Probleme hinwegsahen, denn die Kirche wollte viele gefügige Kinder haben, und der Staat hatte andere Sorgen, als z. B. für eine gute Ausbildung zu sorgen, was natürlich einer soliden Befriedigung der Grundbedürfnisse bedurft hätte.

Genau zur selben Zeit fand eine andere meiner Bezugspersonen, dass es an der Zeit wäre, mich über die Gräueltaten im Dritten Reich aufzuklären, die ihr zugestoßen waren. Diese Tante begann mit ihrer Erzählung aber zyklisch, u. zw. einmal im Monat, an einem Abend gegen halb acht Uhr, und sie endete am nächsten Morgen so gegen halb zwei Uhr. Das erste Mal verstand ich von dem fix zusammengefügten Film überhaupt kein Wort, mit der Zeit konnte ich ihn auswendig und später hörte ich auch schon gar nicht mehr zu, denn niemand sonst sprach über so abscheuliche und unchristliche Dinge wie Frauengefängnis und Konzentrationslager, Bestechung von Wärtern durch Prostitution, Zwangsarbeit in einer Schneiderei, Boykott in der Munitionsproduktion, Freude über die vermeintliche Befreiung, Flucht vor der sicheren Vernichtung in einem abgesperrten Viehwaggon, einem Fußmarsch von Nord-Deutschland nach Wien, u. zw. immer nur bei Nacht.

Etwa zur gleichen Zeit begann noch eine andere Tante über ihre Gestapo-Erlebnisse zu erzählen, aber sie war nicht politisch motiviert, sondern menschlich, sie variierte sowohl in der Abfolge der Begebenheiten als auch in der Auswahl der Personen. Während die eine Tante aggressiv agiert hatte, um dem Deutschen Reich und seiner Idee zu schaden, konnte die andere Tante Positives hervorkehren, denn sie hatte die Hoffnung nie aufgegeben, ihr Kind wiederzusehen.

„Ich kam nach Klagenfurt in die Gestapo-Haft. Da war ein so kleiner Raum, finster, mit sehr sehr vielen Frauen drin. Da war auch meine Schwester. Und die verfluchte mich andauernd, sie bespuckte mich, sie stieß mich, sie trat mich mit ihren Füßen. „Du bist schuld, dass wir hier sind! Wie konntest du auch so blöd sein? Du hast das alles zu verantworten!“ Solche Aussagen brüllte sie mir ins Gesicht. Dann hab ich eines Tages die Leitung gebeten, mich in einen anderen Raum zu tun. Und es ging mir besser. Und dann, dort im Lager, hab ich mich für die Arbeit am Krautacker gemeldet. Weißt du, da hab ich mich von Zeit zu Zeit gebückt und so getan, als ob ich das Unkraut jäten würde, zwischen dem

Hauen der Erde, und da hab ich jedes Mal ein Blatt, ein äußeres Blatt abgerissen und schnell in den Mund gesteckt und gekaut, damit ich nicht verhungere. Ich hab gern auf dem Krautacker gearbeitet. Und ich hab mich zum Bodenreiben gemeldet. Dafür hat man nämlich einen Kübel warmes Wasser bekommen, einen Reibfetzen und eine Reibbürste mit Stiel. Und da hab ich mich immer zuerst selber gewaschen, in diesem warmen Wasser, richtig abgerieben hab ich mich, und dann hab ich erst den Boden gerieben. Und dann hab ich ein Kind geboren, auf der Tragbahre, in Klagenfurt, und die haben mir meinen Sohn sofort weggenommen. Und ich hab ihn nie wieder gesehen. Gesucht hab ich ihn mein ganzes Leben lang, aber nirgends hab ich ihn gefunden. Ich hab gedacht, dass er von irgendjemand adoptiert worden sein muss, aber ich hab keine Adoptiveltern gefunden, nirgends! Weißt du, ich hab mein Kind, das Mädchen, das ich damals auf der Tragbahre geboren hab, in Klagenfurt, nie richtig gesehen, denn sie war gleich weg. Sie hat so geschrien, ich glaube, sie wollte die Flasche nicht trinken, Recht hat sie gehabt, sie hat sich gewehrt, sie hat sich nicht alles gefallen lassen. Sie hat die Flasche verweigert, von denen, die uns immer nur die dünne Suppe von oben aus dem Häfen gegeben haben. Weißt du, das Dicke in der Suppe ist im Häfen zurückgeblieben. Das haben sie lieber den Schweinen verfüttert. Wir haben nur die Wassersuppe bekommen. Alle Zähne sind uns ausgefallen. Ich hab sie gesucht, meine Tochter, aber sie war nirgends. Warum lebst du eigentlich noch? Warum bist du nicht schon längst gestorben? Als ich in der Psychiatrie war, hätte ich Babysachen stricken sollen, aber das hab ich verweigert, ich hab zur Schwester gesagt, sie soll ihre Babysachen doch selber stricken. Ja, die haben mich mit Tabletten gefüttert, mit solchen schweren Bomben. Aber ich war nicht dumm, das war ich noch nie. Ich hab sie immer unter die Zunge getan und dann hab ich sie im Klo hinuntergeschwemmt. Ja, bin ich blöd! Die schütten mich doch nicht zu mit solchen Medikamenten! Nein, die nicht! Aber wo bloß mein Kind ist? Mein Sohn! Wenn ich das bloß wüsste! Weißt du, nach dem Krieg hab ich eine schriftliche Eingabe gemacht, wegen der Wassersuppe und den anderen Gemeinheiten. Aber jetzt muss ich wieder suchen gehen. Meine Tochter wäre jetzt so alt wie du. Also, warum du noch lebst!? Ich muss mein Kind suchen fahren. Und ich werde es finden! Und dann werde ich ihm alles erzählen, das mit dir und mit ihm und mit mir. Das wird sehr schön! Du wirst schon sehen! Also ich muss immer an mein Kind denken, das ich damals geboren habe, auf der Tragbahre in Klagenfurt. Erst rede ich so viel, viel zu viel, und immer schneller, und dann fällt mir das Denken so schwer, manchmal, da ist alles so trüb und zäh, aber ich suche es, mein Kind, das Kind von damals. ...“

Während die erste angeheiratete Tante nicht nur als Erzählerin sehr vereinnahmend war, führte die zweite echte Tante auch in der Zeit lange nach dem Krieg ein überaus selbstbewusstes Leben, wobei aber die dritte richtige Tante unter schweren Depressionen, sogar bis hin zu zahlreichen Selbstmordversuchen litt. Ihre Geschwister haben sie aber vorsorglich teilentmündigen lassen und sie so angenommen, wie sie war. So konnten sie sie durch guten Zuspruch und mit Hilfe eines jährlichen Erholungsaufenthaltes bei einer der Schwestern in der Schweiz auch dazu bewegen, sich ab und zu freiwillig in die Psychiatrie nach Klagenfurt zu begeben, um ihren Gesundheitszustand zu stabilisieren. Sie hatte aber spätestens damals, als sie auf Umwegen wieder aus dem KZ Ravensbrück nach Hause gekommen war, den Tod ihrer zwei Wochen alten Tochter Anna im Gaukrankenhaus Klagenfurt so verdrängt, dass sie mir gegenüber meistens von einem Sohn und nur manchmal von einer Tochter erzählt hatte, die sie suchen müsse, die doch irgendwo leben müsse. Und als ich mir, ohne die genaueren Details zu kennen, Annas Geburtstag als meinen Hochzeitstag aussuchte, erlebte diese Tante eine weitere Krise, die aber von allen Verwandten auch in Schweigen gehüllt wurde. Viel später recherchierte ich in dieser Sache und entdeckte viele, noch bis heute ungelöste und wohl auch nie mehr erklärbare Fragen. Auf alle Fälle wurden die Kriegsereignisse aber nur mir erzählt.

Genau in jenem Sommer, in dem ich mich zu einer Frau entwickelte, in dem ich sechzehn Jahre alt wurde, begann ich auch über den Sinn meines Lebens nachzudenken. Und ab diesem Zeitpunkt erzählten mir meine Tanten über obige Ereignisse, über die Abtreibungen, über die KZ-Haft, über die Geburt des Kindes auf der Tragbahre, u. zw. in Deutsch. In mir aber wuchs der Wunsch, Slowenisch zu beherrschen, so stark, dass ich bei Englisch-Schularbeiten immer zuerst die entsprechende Antwort in Slowenisch wusste, obwohl ich außer in der ersten Volksschule keinen Unterricht in dieser Muttersprache erhalten hatte. Und daher könnte ich das Wichtigste aus diesen drei erwähnten Themenkreisen hier in Slowenisch noch einmal erzählen, was ich aber doch langweilig fände, weshalb ich lieber meine „gewichtigen“ Tanten charakterisieren werde.

Die älteste Schwester meiner Mutter war damals schon einundfünfzig Jahre alt. Und ich habe sie eigentlich nie was arbeiten sehen, denn sie stand sehr spät am Vormittag auf, und dann gab es das Mittagessen bei ihr irgendwann um drei Uhr am Nachmittag, am Abend, da war sie allerdings sehr munter und sie ging auch erst so gegen zwei oder drei Uhr in der Früh zu Bett. Das hatte sie sich so angewöhnt, als sie jung war, denn damals musste sie für sich und die elf Geschwister die Wäsche flicken und für sich und ihre fünf Schwestern die Kleider nähen sowie für die gesamte Familie die Wäsche bügeln. Und beim Nähen brauchte sie Ruhe und die fand sie erst abends, wenn die anderen zu Bett gingen.

Diese Tante wogte an heißen Tagen förmlich in ihrem selbstgeschneiderten roten Bikini mit weißen Punkten und ebensolchem Sonnenschirm durch die Kastanienallee zum familieneigenen Bad am Sägewerkswehr. Sie verfügte über die größte Körperfülle mit um die hundertdreißig Kilo, aber das, was den Bikini überströmte, war ständig rein weiß und niemals sonnengebräunt, denn schließlich war sie bei Herrschaften in Wien und in Laibach beschäftigt gewesen.

Sie legte großen Wert auf absolute Vorherrschaft, zeigte aber ihren materiellen Reichtum weder durch Familiensilber noch durch ausgeflippte Kleider, sie trug auch keine Hüte und keine besonderen Schuhe, sondern sie betonte immer unsere außergewöhnliche, fast adelige Abstammung. Und sie erzählte mir auch immer denselben Film über den Bierbrauer Wilhelm Gastl und seinen Sohn, den Kurarzt Dr. Wilhelm Gastl, und über dessen jüngste Schwester Rosa Gastl, die Großmutter dieser Tante, meine Urgroßmutter und ihre Heldinnentaten, dass sie einen Besitz nach dem anderen gekauft hatte, weil sie eine so hervorragende Viehzüchterin und Geschäftsfrau gewesen war, und wie sie mit dem Herrn Pfarrer hierher in den Pfarrhof gekommen war usw. usf. Diese „Bikini"-Tante war damals mit Leib und Seele Kommunistin und sie bewunderte mich, weil ich so leicht lernte und weil ich mir in Mathematik so leicht tat, was ihr vollkommen unbegreiflich war. Sie hatte zwei Jahre zuvor meinen Vater völlig überrumpelt, sodass ich in die HAK gehen konnte, mit dem Hintergedanken, dereinst ihrem Sohn die Buchhaltung fürs Sägewerk zu besorgen, wozu es selbstverständlich nie gekommen war.

Dann war da die „Münzen"-Tante, die in Villach verheiratet war. Sie kam an jedem Ersten heraus nach St. Stefan, um ihre Kriegsentschädigung beim jeweiligen geschwisterlichen Vormund abzuholen. Sie hat sehr gerne Speck gegessen, hat sie doch ihr Ehemann sehr knapp gehalten. Diese

Tante war Regiefahrerin, weshalb sie für ihre älteste Schwester auch so manchen Botendienst versah, wie damals, als sie mich und meinen Bruder im Lavanttal aufgesucht hatte, um uns in die Ferien zu Mamas Geschwistern herauf zu holen. Und diese Tante hatte mich auch zwei Jahre zuvor zur Einstufungsveranstaltung im Kaufhaus Warmuth in Villach begleitet, bei der ich von sechzig BewerberInnen an die sechste Stelle gereiht wurde, als VerkäuferInnen-Lehrling aber trotzdem nicht genommen wurde, zumal doch vier AbsolventInnen von der örtlichen Handelsschule an den ersten vier Stellen vor den HauptschulabsolventInnen gereiht waren. Diese Tante begleitete mich dann in denselben Sommerferien auch zur Aufnahmsprüfung in die Handelsakademie nach Villach. Als sie sah, wie aufgelöst und nervös alle anderen SchülerInnen waren, hätte auch ich noch was wiederholen sollen, wie man eine Nacherzählung schreibt oder wie man einen einfachen Schluss rechnet. Ich schaute mir das bei den Anderen kurz an, wandte mich aber gleich wieder ab. Es war mir alles klar.

Während des Rohbaus war mein Bruder als billiger Hilfsarbeiter und Handlanger so hungrig, dass er die Arbeiter meines Vaters regelmäßig um Jause anbettelte, weil er trotz der schweren Arbeit nicht einmal genug Brot zu essen bekam. Das war in dem Jahr, als ich die erste Klasse HAK besuchte. Als mein Halbbruder in die Schule kam, machte er seine Übungen zur Ganzheitsmethode schon beim großen Küchentisch im Erdgeschoß. Mutter wetterte dauernd über die unmöglichen Lehrer. Am Hl. Abend durften wir unter dem Christbaum allerdings ein Vater unser für unsere Mama beten. Während der gesamten fünfjährigen Schulzeit an der HAK fuhr ich nämlich zu Weihnachten ins Lavanttal, einmal nahm ich meine um zehn Jahre jüngere Kusine mit. Und einmal hat mir Mutter einen geschlachteten Hasen mit herauf gegeben, der mir im Koffer meinen Reisepass mit seinem Blut- und Wassergemisch besudelt hat. Ich saß auch damals schon zwischen zwei Stühlen, denn heroben gehörte ich zur Familie eigentlich nicht dazu und drunten gehörte ich auch nicht oder nicht mehr dazu. Jedenfalls hatte ich niemand, mit dem ich über Lerninhalte und Sonstiges hätte sprechen können.

Eine Monatskarte kostete damals zwanzig Schilling, und ich musste mir alle Hefte und Bücher selber kaufen und auch alle Kleider mit dem bisschen Geld bezahlen, das ich von Vater bekam. In der vierten Klasse hatte ich deshalb keinen Mantel zum Anziehen, sodass ich den ganzen Winter nur eine Schihose und einen selbstgestrickten grauen Pullover getragen habe. Als ich dann die Matura erfolgreich in der Tasche hatte, wartete auf mich die schreckliche Erfahrung der Arbeitslosigkeit und damit ein Zustand ohne jede Perspektive. Vater hatte mir nämlich befohlen, nach der Matura zu ihm nach Hause zu kommen, andernfalls er mich mit der Polizei würde holen lassen. Er hatte inzwischen das Haus aufgebaut, das im Erdgeschoß zwei Zimmer und eine Küche sowie eine Speis, eine Abstellkammer und einen Vorraum hatte. Ich packte also meine Sachen zusammen, und ein Onkel fuhr mich mit seinem Auto hinunter zu Vater. Ich musste Vater gehorchen, denn ich war noch keine einundzwanzig Jahre alt und daher noch nicht großjährig.

Obwohl ich in Villach bei einem Steuerberater hätte zu arbeiten anfangen können, saß ich nun in Fransdorf in Vaters Häuschen mit meinem guten Maturazeugnis, aber ohne jede Aussicht auf irgendeinen Job. Ich meldete mich beim Arbeitsamt in Wolfsberg, das mich ab und zu wohin schickte, auch nach Klagenfurt. Immer musste ich Vater ums Fahrtgeld bitten. Ich ging am Sonntag zur Kirche, ich saß sonst im Zimmer und las die Kärntner Kirchenzeitung und träumte von den Salzburger Nachrichten, ich flickte Vaters Hemden und träumte von einem Studium in Wien, ich sang für mich slowenische Lieder und wusste keinen Rat. Aber ich hatte jede Menge Zeit zum Nachdenken über das, was ich in der HAK gelernt hatte, über die Wirtschaft und v. a. über die Werbung, die immer wichtiger wurde.

Ich dachte mir schon während der Schulzeit, dass das nicht durchführbar sei, dass man immer mehr Aufschwung verzeichnen könne, denn die meisten Leute würden sich ja nur einmal eine Küche einrichten, sich nur einmal ein gutes Elektrogerät wie eine Waschmaschine kaufen, weil sie dafür ja sehr hart sparen müssten. Inzwischen sehen wir, wohin Werbung, also Reklame, führt, was sie verbockt, was sie aber auch vermag. Jedenfalls vermochte ich damals nicht als Verbraucherin zu denken, die über ein Supergehalt verfügt und dieses auch für Schminke, Schmuck, Urlaub und andere nebensächliche Dinge ausgeben kann, zumal mein Vater immer hart arbeiten und sparen musste, um überhaupt die grundlegendsten existenziellen Bedürfnisse der Familie abdecken zu können. Allerdings verfügte er auch nur über die Weitsicht eines Knechtes, der noch die Fleischstücke in der Suppenschüssel des Nachbarbauern erreichen wollte, während meine Mama schon auch mit Kunst und Sprachen etwas anzufangen wusste. Und ich hegte auch immer schon einen gewissen Argwohn gegen die Dauer-Vermarktung der eigenen Person um jeden Preis.

LMR5/11

Arbeitsantritt, Hochzeit und Sozialpolitik

In Vaters Häuschen wohnten Vater und Mutter, Vater kam damals nur zum Wochenende von der Arbeit nach Hause, d. h. dass er am Samstag Nachmittag nach Hause kam und am Montag in der Früh um sechs Uhr mit dem Arbeiterzug wieder nach Zeltweg zur Arbeit fuhr. Und wenn er nach Hause kam, dann musste er uns zuerst für alle Dummheiten und Nachlässigkeiten bestrafen, die ihm Mutter über uns beide, über meinen Bruder und mich, erzählte.

Dann war da noch der Halbbruder, der nie was anstellte. Dieser Bub begann dann im Herbst mit dem Besuch der Hauptschule, der mittlerweise verpflichtend war. Er fuhr dann in die andere Richtung, mit dem Bus, hatte also nur zehn Minuten Fußweg.

Und wie bereits gesagt, war da eben mein Bruder, der Schmiede- und Landmaschinenschlosser-Lehrling war, u. zw. im beginnenden vierten und damit letzten Lehrjahr. Und zwischen ihm und unserer Mutter gab es immer Reibereien, weil sie heimlich rauchte, er aber nicht rauchen sollte, obwohl er sich die Zigaretten natürlich selbst bezahlte, so wie auch seine Kleidung usw. usf.

Und inzwischen war auch unsere Stiefschwester nach gekommen. Sie war in St. Paul i. Lav. im dortigen Konvikt beschäftigt und die meiste Zeit nicht zu Hause anwesend. Es gab kaum Lebensmittelvorräte und kein Geld im Haus.

Und in diese absolute Tristesse kam am letzten Sonntag im September ein Anruf ins Dorfgasthaus, der unserer Mutter am nächsten Vormittag ausgerichtet wurde. „Onkel in Ferlach verunglückt." Mutter lieh sich von der Wirtin 500 S aus und überbrachte sie meinem Bruder und mir samt der Nachricht. Mein Bruder war damals zufällig von der Arbeit zu Hause. Wir zogen uns um und gingen sofort los. Irgendwie gelangten wir noch am Vormittag hinauf nach Framrach zum Bus, der über den Griffner nach Klagenfurt fuhr, und von dort mit dem Zug nach St. Stefan zum vulgo Erjan. Und da klärte sich die Situation sehr bald sehr schrecklich auf.

Der „Tischler"-Onkel war am Sonntag am Nachmittag mit dem Traktor tödlich verunglückt, als er die Familie des Bruders seiner Frau hinaus auf die Haltestelle vor der Graschelitzen zum Gailtaler Bus führen wollte. Oft hatte ich mir in den Ferien vor der vierten Klasse HAK gedacht, ich muss schauen, dass ich die Matura in diesem Jahr schaffe, denn was ist, wenn dem Onkel was passiert. Und nun war er tot und bereits in der Stube aufgebahrt.

Damals wurden die Toten noch zu Hause aufgebahrt, u. zw. verständigte man eine gewisse Frau vom Ableben des

Dorfbewohners, und diese Frau machte sich dann sofort bereit, den entsprechenden Haushalt zu übernehmen. Sie wusch sich, zog über ein dunkles Kleid ihre schwarze Sonntagsschürze an und setzte ein neues schwarzes Kopftuch auf, um dann gleich mit dem Kind, das die traurige Botschaft überbracht hatte, ins Trauerhaus zu eilen.

Dort übernahm die Frau die Schlüssel und das Regiment im Haus. Sie schickte nach anderen Frauen, und dann begannen sie die Stube auszuräumen, um dort den Toten aufzubahren. Dann wurde gekocht, um alle Trauergäste zu bewirten. Es wurde jeden Abend Rosenkranz gebetet, u. zw. betete bei uns im Dorf jene Frau alle drei Rosenkränze der Reihe nach vor, wobei sie die ganze Zeit am Fußboden kniete. Am dritten Tag war dann meistens das Begräbnis. Da hat dann die Vorkocherin und Vorbeterin den Sarg zum Abschied mit Weihwasser besprengt und sich im Namen der Angehörigen bei den Trauergästen bedankt.

Während des kirchlichen Rituals (in der Kirche und am Friedhof) richteten die Frauen in der Stube eine Tafel her und sie bedienten die Trauergäste dann anschließend beim Totenmahl. Am Abend wurden noch ein drittes Mal alle drei Rosenkränze gebetet. Dann gab es nach acht Tagen eine Gedenkmesse und eine nach dreißig Tagen und dann jedes

Jahr, sodass kontinuierliche Trauerarbeit geleistet wurde, denn jeder der kam, um dem Toten seine Ehre zu erweisen, wollte auch berichtet bekommen, wie das mit dem Sterben so zugegangen sei.

Dann errichtete die Gemeinde wegen des aufstrebenden Tourismus aus hygienischen Gründen Leichenhallen, und das gemeinsame Trauern gestaltete sich schwieriger. Und heute ist jeder in seinen vier Wänden mit der Trauer allein gelassen. Auch die Kirche schloss sich dieser neuen Mode an, weil es natürlich da und dort Ungereimtheiten gegeben hatte, aber im Großen und Ganzen hielt man sich nach Anleitung der Vorbeterin doch an gewisse Prinzipien von Takt und Anstand. So ein Begräbnis zu planen, war damals, vor ungefähr fünfzig Jahren, eine ungeheuerliche logistische Leistung, gab es doch pro Ortschaft erst ein Telefon und ein Auto. Und zum Beten und zum Begräbnis geladen wurde aber die gesamte Verwandtschaft und Bekanntschaft. Da musste jemand sein, der eine Liste von den Einzuladenden anfertigte, von Hand natürlich. Dann notierte man dort neben der Wohnadresse auch die Verständigungsart, z. B. das Wort „Telegramm“.

Während mein Bruder Albin gleich am Tag nach dem Begräbnis wieder nach Hause fuhr, blieb ich noch bei der verwitweten Tante und ihrer kleinen Tochter. Aber bereits am ersten Wochenende kam ein Anruf aus Fransdorf, dass ich sofort zurück hinunter müsse, denn Vater habe für mich Arbeit gefunden. Ich begab mich also wieder einmal zurück ins aussichtslose Elend und erfuhr, dass der Notar von St. Paul, Herr Dr. Alfons Zentrich, wie im Herbst üblich, beim vulgo Juri um Pfirsiche gewesen sei, und da haben ihm die neuen Bauersleute (der Hof war inzwischen verkauft worden) erzählt, dass die Tochter vom Hasenbichler eine Arbeit suche.

Ich stellte mich beim Notar in St. Paul i. Lav. vor und begann gleich nächsten Tag zu arbeiten. Nach drei Wochen konnte ich einfache Kaufverträge schon so auf der Maschine vorbereiten, dass sie der Chef nur noch zu unterschreiben brauchte, nachdem er den Parteien den Inhalt vorgelesen und erläutert hatte. Die Arbeit machte mir großen Spaß, aber ich wollte nicht in diesem Lavanttal bleiben, in das ich so mit Gewalt verpflanzt worden war. Zuerst ging ich die sechs Kilometer zur und von der Arbeit zu Fuß, dann schenkte mir Dr. Zentrich ein uraltes Fahrrad, für das ich beim Vasold die vorgeschriebene Beleuchtung kaufte.

Obwohl ich zuerst weniger als tausend Schilling pro Monat verdiente und zirka dreihundert Schilling für das Mittagessen im Gasthaus unter dem Notariat verbrauchte, zahlte ich der Erjan-Tante bald die angehäuften Schulden zurück, denn ich fuhr zum Wochenende sehr oft mit dem Zug nach St. Stefan, um dort auf dem Feld und im Stall zu helfen. Dann kaufte Tante in meinem Auftrag in Villach einen Moped-Roller, mit dem ich dann jedes Wochenende die Strecke hinauf und wieder hinunter fuhr. Schon bei der ersten Fahrt vom Griffner hinab ins Tal blieb die Tachonadel stecken, weil ich über siebzig Stundenkilometer gefahren war, obwohl ich hätte nur vierzig fahren dürfen.

In diese Zeit fiel seltsamerweise auch das Ereignis, dass der Bruder meiner Mama, der inzwischen beim vulgo Schmied der Besitzer war, eine Waldparzelle verkauft hatte, wobei er aber meinem Bruder und mir das im Grundbuch eingetragene Erbteil nach unserer Babica hatte vor der Erledigung des Vertrages ausbezahlen müssen. Und weil ich für den Notar öfters am Bezirksgericht in St. Paul aus dem Grundbuch was zu erheben hatte, wusste ich vom Geschäftsführer schon davon, bevor der Onkel zum Vater auf Besuch gekommen war. Wir erhielten eine für unsere damaligen Verhältnisse große Summe Geldes, womit ich mir mit meinem Bruder gemeinsam eine Einrichtung für unser neues Zimmer im Dachboden von Vaters Häuschen gekauft hatte. Mangels an Freizeit schickte ich Albin nach Klagenfurt zum Einrichtungshaus Stadler. Mein Bruder und ich ließen uns nämlich auf eigene Kosten ein Dachbodenzimmer ausbauen, Vater machte nur einen Einbauschrank hinein. Später kaufte ich meinem Bruder den Hälfteanteil an meiner ersten eigenen Einrichtung ab, und nach einigen Jahren wurde daraus dann das Kinderzimmer im neu errichteten Wohnhaus in St. Stefan.

Ich wollte aber auf keinen Fall im Lavanttal bleiben, obwohl ich hätte die Ausbildung zur Grundbuchsführerin machen können, denn es zog mich einfach hinauf nach St. Stefan zum Grab meiner Mama und an die Orte meiner Kindheit. Die St. Georgener Postmeisterin empfahl mir, mich bei der Österreichischen Post zu bewerben. Ich schrieb so ein Gesuch und ich hätte tatsächlich bald in Klagenfurt am Telegraphenamt anfangen können, zumal ich ja Kenntnisse in Englisch, Italienisch und Slowenisch aufzuweisen hatte. Der Herr Notar war sehr überrascht von meinem Entschluss und er verzögerte mein Ausscheiden mit Berufung auf eine dreimonatige Kündigungsfrist. Schließlich konnte ich dann Ende September 1964 meinen Dienst bei ihm quittieren.

Ich wollte nicht weiter in Vaters Häuschen leben und ich wollte auf keinen Fall in einen Bauernhof im Lavanttal einheiraten, was aber Vater doch sehr hoffte. Mutter war nämlich nie für mich da, auch nicht wenn ich verletzt oder krank war. Ich musste mir meine Knie nach einem Sturz mit dem Moped allein verarzten. Meine Zähne waren mir weiter gebrochen, und ich brauchte die erste Brille, denn in der Kanzlei war das elektrische Licht sehr schwach. Mein Vater gab mir den Rat mit auf den Weg, dass ich nicht mit einem ledigen Kind anzukommen brauche.

Vielleicht war ich wegen der Kälte in der zweiten Familie meines Vaters auch fast nie krank. Ich war von der Schule nur ganz selten zu Hause geblieben. Bevor mein Bruder zur Schule ging, hatte er im Sommer eine Gehirnhautreizung, weshalb der Arzt gerufen wurde, der meinem Bruder zur Vorbeugung vor einer Gehirnhautentzündung eine Spritze gegeben hatte. Obwohl wir im selben Bett schliefen, bin ich nicht krank geworden. Einmal hatte ich einen entsetzlich schleimigen Auswurf beim Husten und während der zweiten Hauptschulklasse bin ich öfters gefallen, einfach so auf dem Weg, mitten beim Gehen. Da bin ich einmal aus dem in die Haltestelle einfahrenden Zug gefallen, sodass ich bis zum völligen Stehenbleiben auf den Knien mitgeschleift wurde. Und ein anderes Mal bin ich bei einer Querrille auf dem Weg so hingefallen, dass ich mir eine Verletzung an den Augen zugezogen habe, weshalb ich vor lauter Geschwulst nichts mehr sehen konnte. Da haben die anderen Schülerinnen den Schulweg so abgeändert, dass mich eine begleitet hat, bis ich den Bauernhof sehen konnte und nur noch zehn Minuten auf einem Feldweg geradeaus gehen musste.

Aber die einzige große Verletzung, die ich mir als Jugendliche zugezogen habe, war ein Bruch des rechten Mittelfußknochens von der dritten Zehe. Das war kurz vor Schulbeginn zur Maturaklasse, an einem Freitag am Abend, als ich den Miststreuer zum Traktor ankuppeln wollte. Ich hatte das Stützrad zu locker gemacht, und weil Onkel damals eine bewegliche Ackerschiene verwendete, auf der die Anhängekupplung angebracht war, sauste die Deichsel zu Boden und erwischte eben gerade noch meinen Fuß. Ich hatte ganz leichte Turnschuhe an. Ich humpelte die paar Meter bis zur Bank vor der hinteren Haustüre, zog den Schuh aus, und es bildete sich sofort eine krapfenartige Geschwulst am Rist. Der praktische Arzt kam, sah sich das an und schickte mich dann am darauffolgenden Montag zum Röntgen nach Villach. Es hieß also, ganz ruhig auf dem Bett zu liegen und den Fuß keinen Millimeter zu bewegen. Und am Montag humpelte ich dann in Villach die Stiegen in den zweiten Stock zur Gebietskrankenkasse hinauf, nach dem Röntgen wieder herunter. Zum Glück hatte ein Onkel damals schon ein Auto. Er brachte mich dann auch zum Arzt nach Faak, der mir einen Gipsverband anlegte.

Als ich noch im Lavanttal war, hatte ich sehr viel Zeit zum Nachdenken. Und da habe ich schon gedacht, wie das wohl wäre, wenn man den Staat von oben herunter reformieren würde. Und wenn ich hier den Spagat zu heute spanne, dann müsste man in Krisenzeiten nicht nur die Anzahl der Abgeordneten und des gesamten Regierungs-, Verwaltungs- und Exekutiv-Apparates verringern. Und weil diese Leute verhältnismäßig viel verdienen, würde hier eine gezielte Beschränkung auch wirklich was bringen. Und man müsste selbstverständlich nicht nur Mindestlöhne ausverhandeln, sondern die Einkommen nach oben hin strikt beschränken.

Was ich damit konkret meine, steht in keinem logischen Verhältnis, denn Deutschland hat derzeit nicht ganz 82 Millionen Einwohner, wobei es 622 Bundestagsabgeordnete gibt; Italien hat fast 61 Millionen Einwohner, wobei es 630 Abgeordnete in der ersten Kammer gibt; in Österreich wohnen ungefähr 8,5 Millionen Personen und hier werden 183 Nationalratsabgeordnete gewählt; während 2 Millionen Einwohnern in Slowenien 50 gewählte Abgeordnete in der einen Kammer gegenüberstehen.

Wenn man nun überschlagsmäßig rechnet, so kostet die italienische Demokratie jeweils einer Million Einwohnern zehn vom Volk gewählte Abgeordnete. In Deutschland ist sie noch billiger mit fast acht solchen Mandataren. Danach dürften wir in Österreich nur so zwischen 85 und 68 Volksvertreter bezahlen müssen anstatt tatsächlich 183. Und in Slowenien ergäbe diese Rechnung nur noch zwischen 20 und 16 Vertreter in der ersten Kammer.

Was ich damit sagen will, ist, dass die Aufsplitterung in Kleinstaaten und Kleinstnationen finanziell wesentlich teurer kommt als ein möglichst großes Staatsgebilde. Und wenn man berücksichtigt, dass Regierungsmitglieder, alle Arten von Abgeordneten und andere hohe Repräsentanten eines jeden Staates sowieso in vollkommen anderen Gefilden leben als die Masse eines Staatsvolkes, dann könnten in Zukunft Gewerkschaften und andere Arbeitnehmervertreter vielleicht noch effizientere Sparmaßnahmen vorschlagen, als dies die bloße Verhinderung von Pensionsreformen und die Senkung von Einkommensteuerprozentsätzen bringen.

Oder man rechnet in die andere Richtung und gestaltet die Verantwortung von Abgeordneten und Politikern so grundsätzlich neu, dass sie auch haftbar sind für ihr Verhalten, u. zw. nicht nur moralisch, sondern auch v. a. finanziell.

Man setzt einen Schlüssel von 20 vom Volk gewählten Abgeordneten pro eine Million Einwohner zu Grunde und beschränkt noch das höchste Einkommen von Politikern mit dem Zehnfachen des Mindestlohnes im jeweiligen Staat und das Höchsteinkommen von Managern mit dem Zwanzigfachen. Damit könnte man den drohenden Zerfall der EU wegen Unfinanzierbarkeit und Uneffizienz bzw. wegen der natürlichen Regionalisierungsbewegung im Gegenzug zur angestrebten Homogenisierung zu verhindern versuchen, denn das Wahlvolk sieht niemals ein, dass es auf Vieles verzichten soll, was den Führenden immer als vollkommen selbstverständlich in den Schoß fällt.

Oder man könnte den Leitenden auch eine gewisse Praxis vorschreiben bzw. zumindest empfehlen, d. h. dass z. B. ein Gesundheitsminister, der bei einigen Gemüsebauern Versäumnisse vermutet, vorher mindestens ein Jahr lang als Gehilfe auf dem Salatacker gestanden sein und dort auch gearbeitet und geschwitzt haben müsste, bevor er überhaupt so eine Äußerung von sich geben darf. Das wäre in meinen Augen das, was man „die Beachtung sozialer Bezüge" nennen könnte.

Ich habe mir in der zunehmenden Vermarktung der Globalisierung auch längst die Schaffung eines Weisenrates als

Führungskomittee überlegt, der zukunftsweisende Vorschläge ausarbeiten sollte, sodass sie nur noch von Politikern für ihre regionalen Bedürfnisse anzupassen wären, aber alle Überlegungen scheitern immer wieder an der Tatsache, dass Institutionen schwerfällig und nur so gut sind wie ihr schwächstes Mitglied. Daher bleibt vermutlich nichts Anderes übrig, als sich mit dem Status quo zu arrangieren. Denn wichtig ist v. a. die Weiterentwicklung des Einzelnen, die uns keine wie immer geartete Gemeinstruktur abnehmen kann.

Meine Entwicklung nahm ihren Lauf. Anfang Oktober 1964 begann auf eigenen Wunsch meine Einschulung am Postamt in Nötsch im Gailtal. Da konnte ich bei den Verwandten der Erjan-Tante wohnen und essen. Man bildet sich meiner Ansicht nach von Schule zu Schule und von Beruf zu Beruf im Fachwissen weiter und man entwickelt sich emotional vom Kind über den Jugendlichen zum Mann oder zur Frau, wobei man sich von Geburt zu Geburt eines eigenen Kindes korrigieren kann. Ob dabei auch geistliche Fähigkeiten zum Tragen kommen, hängt vom vorgelebten Glaubensbild ab, das man verwerfen oder auch beliebig ausbauen kann. Meine körperliche Entwicklung verlief also weder konform mit den schulischen Anforderungen noch mit den religiösen Erwartungen an mich selbst, denn der Gnadenstrom lässt sich wohl nicht regulieren. Eines Tages formulierte ich dann überhaupt Gebete ohne Worte, auf einer ganz bestimmten Wellenlänge, die das Verbunden-Sein mit anderen Seelen ermöglicht, denn unsere Kirchen sind nur ein auf den Ort abgestimmtes Angebot zur Reinigung des Menschen, wobei sich sowohl die Begrenztheit der einzelnen Würdenträger als auch die Hierarchie negativ auf das gesellschaftliche Leben auswirken. Und so gesehen sind die eigentlichen Seelsorger jene Menschen, die zurückgezogen und im Einklang mit der Natur leben.

Von den zweiundzwanzig im Zweiten Weltkrieg in der Katastralgemeinde St. Stefan (bei Finkenstein), bestehend aus den Orten St. Stefan und Höfling, geborenen Mädchen sind zwei als Kinder verstorben, von uns restlichen zwanzig haben achtzehn geheiratet, davon sind drei mit ihren deutschen Ehepartnern auch nach Westdeutschland gezogen, sodass sich ihre Spur für mich verliert. Von uns fünfzehn, die wir noch immer hier oder zumindest in unserer Geburtsgemeinde wohnen, hat nur noch eine Witwe vier erwachsene Kinder so wie ich, fünf haben drei eigene Kinder geboren; alle anderen, die geheiratet haben, haben auch mindestens ein Kind geboren, bis auf eine Frau. Von den zwei ledig Gebliebenen hat eine Frau keine Kinder und die andere hat ein uneheliches Kind zur Welt gebracht; drei Frauen sind inzwischen geschieden, eine lebt von ihrem Ehemann getrennt; es gibt insgesamt fünf Witwen, von denen nur eine mit einem neuen Partner zusammenlebt. Wir zwanzig Überlebenden hatten unter unseren Vätern sieben Bauern (mit acht Töchtern), einer davon war Maturant; sieben Arbeiter (mit zehn Töchtern) und zwei Angestellte sowie einen Gastwirt, wobei ein Angestellter auch einen Bauernhof bewirtschaftete und ein Arbeiter mit einer Bäuerin verheiratet war.

Von uns zwanzig Mädchen besuchten zu Beginn der sechziger Jahre sechs eine weiterführende Schule, fünf waren bereits in einem Arbeitsverhältnis, acht halfen zu Hause, davon war eine junge Frau bereits selber Bäuerin, und ein Mädchen machte eine Handelslehre. Ich war die einzige, die eine maturaführende Schule besuchte und die die Matura auch mit (sehr gutem) Erfolg ablegte. Die Schulbildung bedeutete für uns alle einen gewissen sozialen Aufstieg, denn besonders die zwei Handelsschülerinnen und ich als Handelsakademikerin sowie die junge Frau mit der abgeschlossenen Handelslehre waren finanziell unabhängig.

Alle in Kärnten Verbliebenen hörten aber mit ihrer Eheschließung sofort zu arbeiten auf, außer mir, die ich noch acht Jahre Postbeamtin war. Meines Wissens sind unter unseren österreichischen Kindern mindestens zwölf Leute mit akademischen Berufen. Ich werte es also als großes Wunder, dass ich meine Erstsozialisierung sprengen konnte, um meinen Kindern eine bessere Bildung zu ermöglichen, als sie mir im Kindes- und Jugendalter zu Teil wurde. Inzwischen habe ich ein Universitätsstudium nachgeholt und kann daher zumindest an ganz allgemeinen Diskussionen über den Zusammenhang von Sozialisierung und Bildungschancen kompetent teilnehmen.

Ich bin also noch einige Jahre bei der Post geblieben, habe die notwendige Dienstprüfung mit Auszeichnung absolviert und auch die Verkehrsleiterprüfung abgelegt, die mich später dazu berechtigt hätte, die für MaturantInnen höchsten Dienstposten zu bekleiden. Ich kam als Vertreterin sehr viel in Oberkärnten herum und war z. B. zur Zeit der Hochwasserkatastrophe in Heiligenblut und Oberdrauburg. Da mich aber ein solcher Job nie ganz erfüllte, beschloss ich schon sehr früh, mich mangels an Betreuungseinrichtungen für Kinder nach der Geburt meines dritten Kindes aus dem Erwerbsleben vollständig zurückzuziehen. Ich war 39 Jahre verheiratet und erlebte so manch arge Enttäuschung. Wir konnten aber allen Kindern den Besuch des Gymnasiums und ein akademisches Studium ermöglichen. Mein Mann und ich haben in St. Stefan auf einem Schmied-Grundstück ein Einfamilienhaus errichtet, in dem ich nun als Witwe schon einige Jahre wohne und auch glücklich lebe.

Eigentlich sollte ich ja beim Thema bleiben und es der Reihe nach abhandeln. Ich sollte also zuerst etwas über meine Hochzeit schreiben, dann über die Geburten meiner Kinder usw. usf. Ich will hier aber nur festhalten, dass ich in Weiß geheiratet habe, dass ich außer meinem Brautkleid alles Drumherum anteilsgemäß selber bezahlt habe, dass wir vorerst bei der Erjan-Tante gewohnt haben und im Dezember 1971 ins eigene Haus übersiedelt sind. Also lebe ich jetzt bereits seit fast vierzig Jahren darin. Und zu den Geburtswehen möchte ich nur sagen, dass Worte diesen Schmerz nicht wirklich beschreiben können, und dass man einer Frau „in guter Hoffnung" diese auch in keinem Fall durch das Erzählen seiner eigenen Schmerzerlebnisse nehmen darf. Für jede Frau sind Schwangerschaft und Geburt nämlich eine hoffentlich schöne Ausnahmesituation.

Ich hatte als verheiratete Frau also vier Geburten und keine einzige Fehlgeburt, auch keine Abtreibung, mehrere Operationen und Unfälle und ich war auch sonst einige Male schwer krank. Die erste Operation erlebte ich schon mit vierzehn Jahren, als man mir in den Weihnachtsferien die

Mandeln entfernte. Dann hatte ich nach Ostern 1971 eine Blinddarmoperation, die sich bereits bei der Heimreise von Rom angekündigt hatte. Es folgten mehrere Verletzungen an den Beinen und Händen, wobei eine zur Amputation des ersten Gliedes am linken Mittelfinger führte. Im Alter von 44 Jahren wurde mir die Gebärmutter entfernt, die Eierstöcke behielt ich jedoch bis vor zwei Jahren. Schlimm war die Gebärmutter-OP deshalb, weil im gleichen Jahr mein Ehemann an der Halswirbelsäule von einem Neurinom befreit worden war, weshalb er die Frühpension antreten musste und massive seelische „Gleichgewichts"-Störungen bekam, was dann drei Jahre später in einem Autounfall gipfelte.

Ich litt schon während der HAK-Zeit immer wieder an Gelenkserkrankungen an beiden Händen, die sich durch die Überanstrengung bei der Arbeit am Feld und beim Hausbau noch verschlimmerten. Manchmal hatte ich eine schwere Grippe, die bald wieder auskuriert war. Eines Tages aber verwandelte sich eine solche auf Grund mangelnder Ruhe in eine Lungenentzündung, die bleibende Schäden hinterließ. Ich war damals schon am Weg ins schwerelose Grau, meine älteste Tochter erkannte aber die Lage und rief mich mit Vehemenz zurück ins Leben. Dann wollte ich nach dem Autounfall nicht mehr aufwachen. Da fühlte ich mich allerdings in einem himmelblauen Licht geborgen. Und schließlich entfernte ich mich während einer schweren Harninfektion in einen wohltuenden Raum, in dem ich aber wegen der dort herrschenden Einsamkeit doch nicht bleiben wollte. Darüber berichte ich noch später.

Ansonsten ist über meine Zeit als Ehefrau und Mutter nur noch zu sagen, dass ich ständig neuen Herausforderungen ausgesetzt war, dass ich sehr sehr oft nicht wusste, wie es weiter gehen sollte, dass ich auch in dieser Zeit wahnsinnig sparen musste, dass ich auch da gerne mit Verwandten und Bekannten über alles Mögliche geratscht habe, auch über die Politik, dass ich damals, als der spätere Kärntner Landeshauptmann zum neuen FPÖ-Parteivorsitzenden gewählt worden ist, beschlossen habe, Slowenisch in Wort und Schrift auf höchstem Niveau zu erlernen, sobald ich die Gelegenheit dazu haben würde.

LMR6/11

Sprachenstudium, Sponsion und Schreiben

Zunächst möchte ich aber an dieser Stelle auf das Motto dieses Erzählbandes zu sprechen kommen und es in dem kleinen Gedicht zusammenfassen: „Nimm den Verstand / in deine eigene Hand, / rede dich nicht wund, / schreib dich gesund." Wie ich darauf komme? Nun, ich habe immer wieder die Erfahrung gemacht, dass es überhaupt keinen Sinn hat, jemand, der vollkommen anderer Ansicht ist als ich, meine Sichtweise näher bringen zu wollen, denn das wäre Energieverschwendung. Und aus dieser Erkenntnis resultiert mein obiger Leitspruch. Ich habe zum Beispiel als kleines Mädchen überhaupt nicht verstanden, warum mich meine Firmpatin manchmal „Luza" genannt hat, sodass ich schon damals überhaupt nichts zu meiner Verteidigung ins Treffen geführt habe, sondern ich habe meine Tante nur groß angeschaut und für mich über dieses Phänomen nachgedacht. Und ich bin auch damals schon zu dem Schluss gekommen, dass ich einen schönen Vornamen habe und dass ich stolz darauf sein kann, auf denselben Vor- bzw. Kosenamen zu hören wie meine damals leider schon verstorbene Mama.

Damals konnte ich gerade die Märchen hinten im Lesebuch fließend lesen, auch wenn diese in deutschem Kurrentdruck verfasst waren. Ich las einige Sätze und dachte mir, dass da ein sicher zusammenhängender Sinn vorhanden sein müsste, also merkte ich mir nur die Problembuchstaben wie „f“ bzw. „ſ“, wobei das „Eff“ einen kurzen Querstrich hatte, das „deutsche lange Ess“ aber keinen. Dann schrieb ich mit zehn Jahren den ersten Brief, wie bereits oben erwähnt. Und während der HAK-Zeit lernten wir auch kaufmännische Briefe zu schreiben, auch in Englisch und Italienisch. Vaters Briefe umfassten meistens zwei Seiten. Er schrieb mir in Kurrent, das ich auch auf Grund des Schönschreibunterrichtes in der vierten Klasse HS fließend lesen konnte. An einen Brief erinnere ich mich noch sehr genau, als Vater nämlich bekanntgab, dass seine Mutter gestorben und bereits begraben worden war, denn meine Anwesenheit hätte viel zu viel Geld verschlungen. Später ordnete ich nicht nur für die Erjan-Tante die Geschäfte und ich schrieb auch alle möglichen Briefe, darunter ab und zu sehr sehr lange. Dann erhielten meine Kinder, als sie zum Studium in Wien weilten, regelmäßig Briefe von mir. Irgendwann schrieb ich dann schon mehr Mails als Briefe oder Karten, und heutzutage wird fast alles per Anruf oder SMS übers Handy erledigt, wozu man früher Briefpapier und Briefmarken sowie ein Postamt brauchte.

Als ich beschlossen hatte, Slowenisch systematisch neu erlernen zu wollen, begann ich den mir bekannten Dialekt zu wiederholen und aufzuzeichnen. Dann kaufte ich mir zwei Bücher und wiederholte Italienisch bzw. lernte gewisse Formen auch schon neu ein. Im Jahre 1992 wurde dann vom Slowenischen Kulturverein Mittagskogel-Faaker See ein Slowenisch-Anfängerkurs ausgeschrieben. Ein anerkannter Slowenisch-Professor unterrichtete zehnmal drei Wochenstunden in der Volksschule Ledenitzen. Gegen Ende des Kurses war ich schon allein, aber ich biss mich durch und erlernte in diesem Kurs die slowenische Sprache von Null bis auf passives Maturaniveau. In einem weiteren Kurs brach der Staudamm in meiner Brust, sodass ich den unbändigen Drang verspürte, mir alles von der Seele zu schreiben, auch in Slowenisch. Damals entstanden die ersten „ein-Wort-Gedichte" wie z. B. „oben – unten, ..." Ich schrieb schon damals ohne Überschrift und fast alles in Kleinbuchstaben. Und so entstanden bis 1994 ca. 30 Seiten verschiedenster Texte. Dann merkte ich in einem dritten Slowenischkurs, dass auf diesem Niveau der Zenit schon erreicht war, weshalb ich mich zum Studium entschloss, zumal mein Sohn noch zu Hause war, sodass er mir in Latein würde helfen können. In den großen Ferien hatte ich am

Strand in Italien ausprobiert, ob ich fähig sei, auch die lateinischen Deklinations- und Konjugationsmuster in mein Hirn hinein zu pressen.

Ab diesem Zeitpunkt kann ich sagen, dass sich mein obiger Wahlspruch änderte zu: „Nimm deinen Intellekt / in deine eigene Hand, / dann hüpft dir / das Gefühl in deinen Verstand." Ich konnte noch immer nicht auswendig lernen, ich musste alles verstehen, um es zu verinnerlichen. Und so begab ich mich auf die Universität in Klagenfurt, um dort Slowenisch und Italienisch zu studieren, nachdem ich Psychologie, Pädagogik und Philosophie als zweites Fach verworfen hatte, weil ich die Externistenmatura an einem bestimmten Klagenfurter Gymnasium allein vermutlich nicht geschafft hätte. Slowenisch als Erstfach hat sich für mich später als Segen erwiesen, denn Italienisch war mir ja nie so nahe, weshalb ich es auch nie so beherrschen würde wie meine „eigentliche erste Muttersprache".

Als ich zu studieren begann, waren alle drei Töchter schon in Wien, nur der Sohn war noch zu Hause, und mein Mann führte inzwischen einen Teil des Haushaltes, so gut er das eben konnte. Ich fuhr im ersten Semester, also im Herbst 1994, jeden Tag mit dem Zug zwischen Finkenstein und Klagenfurt hin und her und war z. T. länger als drei

Stunden unterwegs. Ich konzentrierte mich in den ersten zwei Semestern auf je zwei Anfängerkurse in Slowenisch, Italienisch und Latein. Durch die erfolgreichen Prüfungen hatte ich die Berechtigung zum inskribierten Sprachstudium erworben. Dann konzentrierte ich mich zwei Jahre lang v. a. auf den Spracherwerb in Slowenisch und Italienisch. Als ich in beiden Fächern den ersten Studienabschnitt bewältigt hatte, stieg ich auf Grund des geänderten Studiengesetzes auf das Einfachstudium Slowenisch um. Ein Studienjahr verbrauchte oder vertrödelte ich für alle möglichen anderen Interessen, wie z. B. für Friulanisch, die Gebärdensprache, die Allgemeine Sprachwissenschaft und die Vergleichende Literaturwissenschaft u. ä. Zwei weitere Jahre brauchte ich für den Studienabschluss in Slowenisch und weiterführende Studien in Italienisch.

Während des Diplomstudiums heirateten die älteste und jüngste Tochter, nahm sich eine angeheiratete Verwandte freiwillig das Leben, verstarben mein Vater und mein Bruder innerhalb von 30 Tagen. Besonders die Trauerfälle haben mich arg mitgenommen; mir sogar so einen Schock versetzt, dass ich all das angelernte Wissen an einem Semesterende plötzlich vergessen hatte. So musste ich also mehrmals von vorne anfangen.

Im Herbst 2000 überlegte ich mir dann als Thema für eine mögliche Diplomarbeit „Slowenisch als Amtssprache in der katholischen Kirche in Kärnten“. Da ich aber dafür eigentlich so gar kein Material fand, und weil ganz plötzlich durch einen Zufall die Handschrift der St. Stefaner Passion von Edmund Müller aus dem Jahre 1931 auftauchte, widmete ich mich mit Herz und Seele diesem Thema. Auch da brauchte ich ein ganzes Studienjahr für die Texteingabe und das Sammeln und Sichten des einschlägigen wissenschaftlichen Materials zu diesem Thema. Ich war und bin noch immer überglücklich, dass sich mein Jugendtraum erfüllt hatte, sodass ich diese Handschrift gefunden hatte, verstehen konnte und sprachwissenschaftlich aufzubereiten verstand.

Ich überlegte hin und her, wie ich den Passionsspieltext eingeben sollte, bis sich nach langen Anlaufschwierigkeiten die in der Diplomarbeit gewählte Form herauskristallisierte, wobei ich die Verszeilen auch zählte und am rechten Rand die vom Verfasser vorgenommenen Korrekturen kenntlich machte. Bei den wissenschaftlichen Texten arbeitete ich mich zuerst durch die deutschen Erkenntnisse durch, um dann erst die slowenischen Ergebnisse zu verarbeiten.

Eigentlich war meine Betreuerin gar nicht mit mir zufrieden, obwohl ich noch heute die erste und einzige Wissenschafterin bin, die die Entwicklung und Verbreitung von verschiedenen Passionsspielarten im deutschen, slowenischen und oberitalienischen Sprachraum nicht nur chronologisch, sondern auch geographisch dargestellt hat. Außerdem habe ich in meiner Diplomarbeit den Wortschatz des St. Stefaner Passionsspieles 1931 nach Sozialregistern so aufbereitet, dass man daraus jederzeit ein Wörterbuch entwickeln könnte bzw. dass jedermann mit einem gewissen Können in dieser Sprache fähig ist, das slowenische Christi-Leiden-Spiel inhaltlich auch selbst zu verstehen.

Schlussendlich musste ich den Betreuer wechseln. Ich bekam von der Klagenfurter Slawistik jemand zugewiesen, der sich in dieser Thematik überhaupt nicht auskannte, der aber die geringfügig korrigierte Fassung doch übernommen hat, sodass ich im Mai 2002 zur Prüfung antreten und mein Slowenischstudium damit erfolgreich abschließen konnte. Vorher hatte ich noch Schwierigkeiten mit der Anrechnung einzelner Lehrveranstaltungen, obwohl ich z. B. Prüfungen zur Wirtschaftssprache Slowenisch und Spezialprüfungen aus Altkirchenslawisch u. a. Fächern abgelegt hatte.

Proseminararbeiten schrieb ich über die Novelle bzw. die Klagenfurter Handschrift; in Seminararbeiten beschäftigte ich mich mit den Inschriften zum Barbara-Freskenzyklus in

St. Martin am Techelsberg, mit Trubers Slowenischer Kirchenordnung aus dem Jahre 1564, mit der Geschichte der slawischen Sprachwissenschaften und mit anderen Themen, die mich noch heute interessieren.

Nach meiner Diplomprüfung beschloss eine weitere Verwandte, freiwillig aus dem Leben zu scheiden. Einige Jahre später folgte ihr ein Bruder, während ein weiterer schon vorher bei einem Verkehrsunfall ums Leben gekommen war. Tragisch war dabei, dass hier zwei Halbwaisen zurückblieben und im bereits oben erwähnten Fall von Freitod auch zwei kleine Kinder da waren. Während drei von ihnen durch den einen Elternteil aufgefangen werden konnten, ist ein Mädchen seit dem Vorfall auf die Betreuung von Psychiatern und anderen Fachkräften angewiesen.

Seit ich mich in meiner Diplomarbeit der St. Stefaner Passion gewidmet habe, ist diese Handschrift wieder in ihrer Wertschätzung enorm gestiegen. In einem Abendlob in unserer Pfarrkirche St. Stefan bei Finkenstein konnte ich mit den Töchtern und Söhnen des Verfassers gemeinsam die Hauptinhalte dieses Christi-Leiden-Spieles der Öffentlichkeit vorstellen. Und im Sommer 2007 erschien dann dazu das entsprechende Buch im Hermagoras-Verlag in Klagenfurt. An der druckfertigen Fassung arbeitete ich ca. ein Jahr.

Während des Diplomstudiums besuchte ich einen 14-tägigen Sprachkurs in Piran, zwei zweiwöchige Slowenisch-Kurse an der Sommerschule und das 14-tägige Seminar für slowenische Sprache, Kultur und Literatur in Ljubljana, was mir jedoch im Gegensatz zu anderen StudentInnen vom zuständigen Professor in Klagenfurt nicht angerechnet wurde. Im Sommer 1996 besuchte ich in Ljubljana noch slowenischen Zusatzunterricht, sodass ich die Slowenisch-Prüfung mit über 90 Prozent bestand, womit ich die höchste Spracherwerbsstufe „eines Muttersprachlers" nur sehr knapp verfehlt habe. Für die zweistündige Sprachabschlussprüfung bei der Chef-Lektorin aus Ljubljana musste ich dann aber trotzdem ein ganzes Jahr lang lernen, weil es für mich mangels an Schulbildung außerordentlich schwierig war, alle Informationen aus slowenischen Quellen zu erschließen, zumal damals noch keine einzige slowenische Grammatik in englischer oder deutscher Sprache vorlag. Es gab auch Übungstexte oder Arbeitshefte nur in Slowenisch und nur ab Maturaniveau.

Auch während des Studiums sind mir bestimmte Dinge „vorgegangen", so z. B. der Tod meines Vaters und der Freitod meiner Kusine. Einer Bekannten, die auch sehr früh ihre Mama verloren hatte, fiel auch einige Tage vor dem Ableben der angeheirateten Verwandten deren unübliches Verhalten auf. Ich weiß nicht, ob man auch nur ein einziges freiwilliges Ausscheiden aus dem Leben verhindern kann oder sogar soll, denn eigentlich besitzt doch jeder Mensch einen freien Willen, auch wenn er psychisch geschädigt oder beeinträchtigt ist, wie wir das zu konstatieren pflegen.

In Träumen ist mir meine Mama zweimal am Bettrand erschienen. Einmal sagte sie, dass sie gar nicht gestorben sei, sondern dass sie nur in einem anderen Land lebe, in dem es ihr gut gehe, so gut, als würde sie in der Schweiz leben. Und das andere Mal zeigte sie sich ohne Worte. Beide Male sah ich sie in ihrem schwarzen Kleid, u. zw. als Brustbild, das genau so aussah wie jenes in meinem Album, das sie im Sommer vor ihrem Tod von einem „fahrenden" Fotografen hatte anfertigen lassen. Sie hatte übrigens von uns allen so ein Passbild machen lassen. Und der Künstler hat dann ein großes Bild daraus arrangiert, das mein Bruder erhielt. Ich habe dafür die kleinen Passbildchen. Und einmal habe ich von jemand geträumt, der mich um Verzeihung bitten wollte für sein Verhalten zu seinen Lebzeiten. Im Tiefschlaf habe ich ihm dieses aber verweigert, worauf er traurig abzog. Ich konnte mir mein Verhalten nach dem Aufwachen lange nicht erklären.

Ich habe also schon immer Briefe geschrieben, auch sehr sehr lange. Und das nicht aus einem manisch-depressiven Zustand heraus, sondern ganz einfach aus dem Bedürfnis nach einem besonderen Mitteilungsdrang. So habe ich für meinen Bruder die Werkstattbücher verfasst, die er für seine Gesellenprüfung brauchte, während ich in St. Paul i. Lav. arbeitete. Mein Bruder musste mir nur vorher das Fachliche erklären. So hat er z. B. einmal einen Pflug gezeichnet, der von einem Pferd gezogen werden musste, und ich habe dann die einzelnen Teile beschrieben. Auf diese Weise konnte er dann eine Gesamtauszeichnung erreichen. Ich habe ihm ja die Texte auf ein Blatt Papier vorgeschrieben, und er hat sie dann in Normschrift in das Heft übertragen, von seinem Chef im Nachhinein unterschreiben lassen und bei der Prüfung der Kommission vorgelegt.

Während des Slowenischstudiums habe ich mich dann auch zunehmend mit der Kärntner Geschichte beschäftigt, um die Familiengeschichte aufzuarbeiten. Spätestens in dieser Periode habe ich mich dazu entschlossen, nur den letzten Brief meines Großvaters aus dem KZ Dachau, in dem er um Brot bittet, aufzubewahren und alle anderen zu vernichten. Ebenso verfuhr ich auch mit Briefen einer Tante aus dem KZ Ravensbrück und eines angeheirateten Onkels aus dem Militärgefängnis in Innsbruck. Diese Schriften sind so belastend, dass ich mich inzwischen entschieden habe, die entsprechenden Gedenkstätten nicht zu bereisen und die öffentlichen Gedenkfeiern nicht mehr zu besuchen, denn ich kann auch zu Hause eine Kerze anzünden.

Während wir gemeinsame Campingurlaube an der jugoslawischen Adria und sonstwo verbracht haben, als die Kinder noch klein waren, und wir ihnen auch Eislaufen, Schwimmen und Schifahren beibrachten, war dies ab dem Sommer 1988 nicht mehr möglich, weil mein Mann für sportliche Betätigungen vollkommen ausgefallen war, und ich mich keiner unnützen Verletzung aussetzen wollte, damit die Kinder nicht ganz ohne mich auskommen müssten, zumal ich durch meine Operation ohnehin lange Zeit nicht voll einsetzbar war. Ab 1991 hatten wir dann viele Jahre auch kein Auto, sodass besonders die beiden jüngeren Kinder darunter zu leiden hatten, zumal das öffentliche Verkehrsnetz in Kärnten damals nicht gut genug ausgebaut war, um z. B. Ausflüge am Wochenende überall hin organisieren zu können. Meine ersten Schi habe ich übrigens während der HAK-Zeit von einem weiteren Onkel geschenkt bekommen. Als ich bei der Post war, habe ich mir selber neue gekauft. Da habe ich dann auch Kurvenfahren gelernt, um meine Kenntnisse an meine Kinder weitergeben zu können. Ich habe auch mit den Buben Eishockey gespielt, was mir einmal eine arge Venenverletzung einbrachte. Diese und andere Verletzungen am rechten Bein habe ich erst vor einigen Jahren korrigieren lassen.

Ich erlebte einige Male ein Burnout. Konnte ich ein solches in jüngeren Jahren durch mehrstündiges Ausrasten und einmaliges Ausschlafen beheben, so brach ich zu Sylvester 1990 vollkommen zusammen, nachdem zwei Jahre zuvor die große Operation notwendig geworden war. Bis zu diesem Zeitpunkt hatte ich fast durchgearbeitet. Ich schlief nur noch vier Stunden pro Nacht und konnte die viele Arbeit trotzdem nie bewältigen. Ich war ja auf Grund des angegriffenen Gesundheitszustandes meines Mannes für die gesamte Erziehung immer sozusagen allein auf mich gestellt. So hatte ich zwei Schuljahre drei Gymnasiastinnen und einen Volksschüler zu betreuen. Zum Elternsprechtag nahm ich prinzipiell nur einen Schüler zum Anstellen mit und ich schaute nach Möglichkeit auch bei allen LehrerInnen bzw. ProfessorInnen vorbei, damit mir hinterher niemand sagen würde: „Sie haben sich ja für Ihr Kind nie interessiert.“ Einen „vierköpfigen“ Stundenplan und zahlreiche gebastelte und gezeichnete Kostbarkeiten habe ich noch aufbewahrt.

Wenn mir allerdings fad zu werden droht, dann muss ich an „Tante Gretl“ denken, an jene Wiener Dame, die der ältesten Schwester meiner Mama nach deren Flucht aus N-Deutschland in ihrer geräumigen Fünfzimmer-Wohnung in Wien Unterschlupf gewährt hat. Diese Tante Gretl kam oft auf Sommerfrische nach St. Stefan zum Schmied, wo sie täglich ihre Patiencen legte und die Zigarette mit einem Spitz rauchte, um nicht zu viel Nikotin zu inhalieren. Sie sprach wie eine Adelige und erzählte von den großartigen Tätigkeiten der Gastl-Ahnen, wobei aber ihre Erzählungen von der Gastl-Tante gelegentlich kommentiert wurden.

Mein Ururgroßvater Wilhelm Gastl hat nämlich als Kurpfuscher den Grafen Windisch-Graetz von einem Feuermal geheilt, weswegen er abermals Probleme mit den „richtigen“ Ärzten bekommen hat. Dieser Wilhelm Gastl war Biebrauer auf der Zikuln, wo immer das sein mag, und vom 10. Okt. 1846 bis zum 03. Juni 1861 Schlossbesitzer in Tigring. Und über seine Töchter wurde erzählt, dass sie sich wegen des Erbteils nicht einigen konnten, weshalb sie das Silberbesteck kurzerhand zerhackt haben sollen. Sein Sohn, mein Urgroßonkel, der Herr DDr. Wilhelm Gastl, praktischer Arzt und Chirurg, angeblich auch Augenspezialist, soll dann den russischen Adel von Feuermalen geheilt, jedoch ein Angebot nach Russland ausgeschlagen haben, weil er seine Frau nicht hätte dorthin mitnehmen dürfen. Kurz darauf sei er eines plötzlichen Todes (am 22. Feber 1899 im 68. Lj.) gestorben, worauf man ein Fläschchen mit einer Tinktur aus Kräutern gefunden habe, das aber niemand analysieren konnte. Er soll auch eine Augensalbe bzw. einen Gastl-Tee entwickelt haben. Vor seinem Aufenthalt im III. Wiener Bezirk war er Kurarzt in Gießhübl-Sauerbrunn, das damals zu Karlsbad gehörte. Er hatte zwei Töchter, die in Wien verheiratet waren; eine hatte keine Kinder, die andere drei Söhne. Und eine dieser Schwiegertöchter war besagte Tante Gretl. Ich besitze noch einen Brief, in dem sie mir viele Jahre später diese Ahnengeschichten aufgeschrieben hat. Diese Tante Gretl heiratete einige Jahre nach dem Tod ihres Mannes einen steirischen Adeligen.

Und nun ist es schon eher verständlich, dass ich auf einmal Gedichte geschrieben habe, die ich immer wieder umgestaltete, neu entwickelte, zusammenfasste usw. Und eines Tages kam mir die Idee, so etwas wie eine „Gastl-Saga“ als „Aktiv-Passiv-Saga“ zu schreiben, aber weder in ganzen Sätzen noch in vollendeten Satzaussagen, sondern nur in Form von Verben, denn diese transportieren ja aktives Erleben und passives Geschehen.

Ich sammelte also hauptsächlich jene Tätigkeitswörter in ihrer Nennform, die mir im Alter von zehn bzw. sechzehn Jahren geläufig waren. Dann überlegte ich mir ein äußeres Schema und ich kam auf die Idee, die Dialektausdrücke nach folgenden Kriterien zu ordnen: fünf Tätigkeiten für den Vormittag und fünf für den Nachmittag, jeweils für eine Woche; das ergibt also 70 Zeitwörter pro Gedicht, mal zehn Wochen als ungefähre Dauer der großen Ferien sind 700 Ausdrücke, wobei sich keiner wiederholen darf.

Der erste und der zweite Begriff betreffen Bauer und Bäuerin, der dritte und vierte ein allgemeines Können und mich als Schülerin, der fünfte bzw. zehnte wiederspiegeln Emotionen, der sechste und siebente sind einem Hausherrn bzw. einer Hausfrau zugeordnet, der achte und neunte betreffen einen Gewerbetreibenden oder Arbeiter sowie wieder einen allgemeinen Zustand. Alle diese Wörter beziehen sich also auf die Haupterntezeit mit ihren wiederkehrenden Tätigkeiten, die ich ursprünglich auch so streng zusammengestellt hatte, wobei dann aber Samstag bzw. Sonn- oder Feiertag jeweils am Ende eines Textes besonders markant hervorgetreten wären. Dann kam mir noch die Idee, dass es Ereignisse gibt, auf die der Einzelne keinen Einfluss hat, wenn er z. B. unverhofft verhaftet wird. Und dann gibt es aber auch Verhaltensweisen, die nur in Verbindung mit religiösen Festen auftreten. Also vermischte ich Sondervorkommnisse und rituelle Verhaltensweisen mit alltäglichen Verrichtungen, u. zw. nach einer Zufallsauswahl.

Ursprünglich begannen die jeweils ungeraden Zeilen linksbündig, die geraden Verszeilen schlossen jedoch rechtsbündig ab, um die in der Gesellschaft vorherrschende politische Orientierung abzubilden. Diese Form war dann wegen des Din A-5 Formates im Gedichtband nicht möglich, also entschloss ich mich Ende Jänner 2010 dazu, sämtliche Gedichte mittig zu formatieren, sind doch einige Schautexte darunter. Für die Gastl-Saga ergibt sich nun die mögliche Interpretation, dass die Familie als Zentrum oder Kern einer Gesellschaft alles abfedern muss, was vom rechten oder linken Rand daherkommt. Daher wurde es notwendig, einige Begriffe auszutauschen. Als Satzzeichen für das Ende eines Vormittags wurde der Beistrich, als Zeichen für das Ende eines Nachmittags der Gedankenstrich ausgewählt.

In einem in Deutschland erscheinenden Gedichtbüchlein muss meiner Meinung nach bei Dialektgedichten auch eine allgemeingültige standarddeutsche Übersetzung vorhanden sein. Ursprünglich war dieser Text im Blocksatz auf zwei Din A-4 Seiten verfasst, dazwischen waren zwei ganz kurze

Reimgedichte eingeschlossen. Diese wurden schon bei der ersten Überarbeitung entfernt, weil sie zu untergriffig waren.

Für das Poesie-Büchlein war zuerst der Titel „sich fragend vorwärtstasten“ vorgesehen, der dann zu „klagen – fragen – wagen“ bzw. schlussendlich zu „klagen – fragen – plagen“ abgeändert wurde. Schließlich musste ich noch das automatische Abteilen unterbinden, denn das deutsche Rechtschreibprogramm des Verlages würde slowenische Wörter mit Sicherheit einige Male falsch abteilen. Weitere Kürzungen ergaben sich auch bei sehr langen Texten bzw. wegen der größeren Schrift, die von mir ausgewählt wurde. Nur bei den Verb-Gedichten habe ich im Standarddeutschen das Abteilen zugelassen, weil ich manche Dialektausdrücke umschreiben und durch mehrere Wörter zusammensetzen musste, weshalb ich sonst platzmäßig nicht ausgekommen wäre.

Ich habe beobachtet, dass die Standardsprache viel ärmer ist als der Dialekt, denn in Letzterem kann jeder Sprecher kreativ unterwegs sein. Auf diese Weise verwischt die Darstellung im Gedichtband die äußere Struktur der einzelnen Tage sehr geschickt, wozu man anführen kann, dass ja manchmal eine Arbeit für den nächsten Tag liegen oder überhaupt unerledigt bleibt. Meine Gedichte sind nicht ausschließlich schwarz-weiß malend, geben sie doch auch lustige Begebenheiten wieder. Schwer zu erschließen sind sie aber absichtlich, weil der Leser sich bemühen soll, und weil ich keine fertigen Antworten vorlegen will.

Der Familienname Gastl kommt im Übrigen aus dem Lateinischen „castell(um)“ für „Kastell, Befestigung“. Mein Gastl-Großvater stammte wirklich zur Hälfte von Deutschen ab, war doch sein Urgroßvater Georg Gastl vor einem Krieg aus Preußen geflüchtet. Der Vater meines Großvaters war ein gewisser Anton Ogris, ein Kaufmann in Klagenfurt, der auf dem Friedhof in Annabichl begraben liegt. Der Zuname Ogris kommt vom slowenischen „ugrez“ für „Absenkung (von Erde)“. Die Nationalsozialisten haben also gewissermaßen meinen Großvater Anton Gastl „zurück ins Reich geholt, damit er dort in Ruhe sterben könne“.

Ursprünglich dachte ich beim Abfassen der Gastl-Saga nur an diese Vorfahren. Dann aber kam mir die Idee, alle Familien einzubinden, also auch die Truppe-Gallob bzw. die Hasenbichler-Käffer sowie die Ruhdorfer-Tscherne. Der Hof- bzw. Nachname Truppe kommt vom slowenischen „trup“ für „Rumpf“. Truppe oder Trupi bezeichnet daher einen Krüppel. Der Name Gallob kommt vom slowenischen „golob“ für „Taube“, ist also eine Verballhornung. Die Vorfahren meiner

Mutter beim vulgo Trupi in Ober-Greuth waren also schon dem Namen nach Slowenen.

Mein Ledigenname war Hasenbichler, was von den alten Süd-Lavanttalerischen Ausdrücken „hasen“ für „glatt“ und „bichl“ für „Hügel“ herrührt. Der Hasenbichler war also der Bauer auf einem Hügel ohne schroffe Felswände oder zerklüftete Abgründe. Der Urahne, der den Besitz beim vulgo Gastl in Legerbuch für seine Tochter gekauft hatte, war ein gewisser Käffer. Dieser Nachname kommt von „Käfer“. Vermutlich war dieser Vorfahre, der Besitzer des Marhofes in der Nähe von St. Paul i. Lav. war, auch der Eigentümer der Käffer-Ebene in (Bad) Eisenkappel, die Florjan Lipuš in seinem Roman „Verdächtiger Umgang mit dem Chaos“ erwähnt. Meine Vorfahren väterlicherseits waren demnach deutschsprachige Lavanttaler, wobei der Ledigenname meiner Großmutter, nämlich „Skuhl“, von mir bisher noch nicht geklärt werden konnte.

Mein Ehemann war ein Ruhdorfer aus Gurk in Kärnten. Dieser Name stammt von einem Ort namens „ruedorff“ in Deutschland. Die genaue Herkunft ist noch nicht bekannt. Meine Schwiegermutter war eine geborene Tscherne, was der Eindeutschung des slowenischen „Črne/Černe“ für „Schwarz“ entspricht. Ihre Vorfahren kamen in der k. u. k.

Monarchie aus dem Krainerischen. Es gibt Verwandte, die sich heute Schwarz schreiben.

Nach der Namenskunde zu den Familiennamen meiner direkten und angeheirateten Vorfahren möchte ich noch ganz allgemein was zu meinen Schreibvorhaben sagen. Wie bereits erwähnt, erschien mein erstes Buch im Jahre 2007 im Hermagoras Verlag in Klagenfurt mit dem Titel: „Das Passionsspiel … St. Stefan bei Finkenstein, 1931“. Als zweites Buch erschien im Vorjahr der erste Teil meiner Dissertation über Florjan Lipuš mit dem Titel „Lipušs Identitätenkarussell. …“. Und als mein drittes Buch erschien ebenfalls im Jahre 2010 der Gedichtband „klagen – fragen – plagen. …“, u. zw. im Re Di Roma Verlag in Remscheid in Deutschland. Nähere Angaben zu allen Büchern finden Sie rückwärts in diesem vierten Buch, das unter dem Titel „Gott im Verstand, das Herz in der Hand. …“ noch 2011 auch im Re Di Roma Verlag erscheinen wird. Mein fünftes Buch enthält auch Kärntner Christi-Leiden-Spiele, und wird derzeit im Kärntner Landesarchiv für den Druck vorbereitet.

Nähere Angaben zu meiner Doktorarbeit befinden sich im nächsten Kapitel. Hier möchte ich nur noch festhalten, dass ich auch bereits während meines Diplomstudiums Prosa-Texte verfasst habe, die ich nun eben als Erzählungen herausbringe, wobei ich Texte, die den von mir dafür ausgewählten Kriterien nicht voll entsprechen, ganz einfach für eine spätere Veröffentlichung aufspare. Einige Gedichte blieben auch übrig, einige wenige habe ich inzwischen geschrieben, v. a. aber habe ich noch welche slowenische Lehrgedichte, die ich gesondert veröffentlichen möchte.

Ich verfasse nämlich seit der ersten Auseinandersetzung mit einem bzw. mit meinem Diplomarbeitsthema eine Chronik und die habe ich inzwischen auch schon bis zur Veröffentlichung des ersten Passionsspielbuches verbessert, ausgedruckt und abgespeichert. Nachdem ich die Chronik zum Doktoratsstudium zuerst von Hand mitgeschrieben habe, bin ich nun dabei, diese in den PC zu übertragen. Ich mache das, weil ich für meine wissenschaftlichen und kreativen Auseinandersetzungen keinen geeigneten Zuhörer habe bzw. damit ich einen gewissen Frust abladen kann, denn der PC bzw. das Papier ist sehr geduldig. Ich vermerke in den Chroniken v. a. den Stundenaufwand und die finanziellen Mittel, ferner Ideen, Fakten und Korrekturen zum Studium und zur Veröffentlichung von Texten. Einige Zeit habe ich mehrere Chroniken zeitgleich geführt, was ich aber dann wegen der Vermischung der Themen bzw. der Arbeitszeit wieder aufgegeben habe. Ich führe sie nun aber als rein chronologische Dateien, indem ich jährlich eine neue anlege, damit sie nicht zu umfangreich wird, sodass ich auch leichter nachblättern kann. Wenn ich alles nachgetragen habe, dann werde ich sie auch ausdrucken und in einer Broschüre fortlaufend sammeln.

Von Zeit zu Zeit notiere ich in der jeweiligen Chronik eine To-do-Liste, die ich dann dahingehend überprüfe, was ich noch abzuarbeiten habe bzw. was ich schon abhaken kann. Bis heute (20. 6. 2011) habe ich an Memoiren geschrieben, die ich auch immer wieder umgearbeitet habe. Nachdem ich heute in diesem Buch das fünfte Kapitel erfolgreich beendet hatte, fiel mir so ein Stein vom Herzen, dass ich die sehr ausführlich gestalteten Memoiren vernichtete. Diese waren in Kleinbuchstaben verfasst, einzeilig gehalten, und die Blätter waren zweiseitig bedruckt. Zu vielen Kapiteln hatte ich erst Notizen gemacht, Einiges war viel zu ausführlich geschildert.

Weiters schreibe ich ebenfalls schon seit Studienbeginn an einer Slowenisch-Grammatik, aus der ein Slowenisch-Sprachkurs wird. Titel: ICH UND DU/JAZ IN TI. Zwei Kapitel und die Grafiken des Buches habe ich schon fertig.

LMR7/11

Literaturstudium, Promotion und Philosophieren

Hier kehre ich nun vorerst in den Herbst des Jahres 2002 zurück. Da habe ich gleich nach dem Diplomstudium mit dem Doktoratsstudium begonnen. Extra bedanken möchte ich mich an dieser Stelle bei den Sozialdemokraten, weil sie die Studiengebühren abgeschafft haben, sodass ich an ein Studium denken konnte. Hätte ich durchgehend Gebühren bezahlen müssen, hätte ich wahrscheinlich erstens aus finanziellen Gründen vielleicht erst im Alter von 65 Jahren ans Studieren denken können und zweitens niemals so eine Bandbreite im Studium erreicht. Auch fürs Doktorat wählte ich mir zuerst einen „schwindligen" Arbeitstitel aus, wurde dann aber gleich während des ersten Wintersemesters wegen mehrerer Faktoren schwer krank.

Infolge sehr hohen Fiebers hatte ich Halluzinationen, die sich vor meinen Augen abspulten, sobald ich sie nicht offen halten konnte. Aber ich wollte das dem Personal im Krankenhaus nicht im Einzelnen erklären, denn dann hätten sie mich möglicherweise gleich als geisteskrank eingestuft. Sobald ich also meine Augen schloss, lief ein Film. Einmal sah ich eine Serie von architektonischen Formen, die sich ständig veränderten. Dann wieder stieg ich in die Tiefen von Selbstmördern hinab, die mich mit ihrem seltsamen Treiben ankotzten. Dann hatte ich im Traum einen Lachanfall, weil nur ich fähig war, drei Texte in verschiedenen Sprachen zur gleichen Zeit vorzutragen, u. zw. in Form eines dreiseitigen Bilderrahmens. Also begann ich von rechts unten nach oben zu lesen, musste die Texte aber vor der Ecke rechtzeitig so einkürzen, wie wenn man bei einer Sockelleiste die Gärung zuschneidet, damit die Leiste auch in der Ecke schön plan zusammenpasst, und der Text dann von oben rechts nach links wieder im Gleichklang verlaufen kann. Diese meine Fähigkeit sollte ich an die Masse weitergeben, was mir natürlich nicht gelang.

In einem Traum saß ich auf einem Schienengefährt, das sich von meiner Geburt bis zu einem bestimmten Zeitpunkt in meinem Leben kontinuierlich und gleichmäßig nach hinten bewegte, wobei rechts und links von mir Passbilder auf einer riesigen Plakatwand auftauchten, die ich vorerst gar nicht besonders beachtete. Dann klinkte der Rollwagen ein und eine Stimme gab bekannt, dass es jetzt Zeit wäre, Abschied zu nehmen, u. zw. hätte ich dafür genau gleich viel Zeit wie bei der ersten Fahrt ins Leben. Ich fuhr an denselben Fotos vorbei und konnte mich von ihnen verabschieden. Einige kamen mir aus der Plakatwand heraus entgegen. Als ich dann unweigerlich zum Ende und Beginn meines Lebens zurückgekehrt war, verging ich einfach in einem hellorangen Schein.

Als ich während meiner schweren Infektion einen ganz besonderen Besuch hatte, beschloss ich meinen Rückzug, weil ich vom vielen Gerede wahnsinnig ermüdet war. Ich kam mit meinem Rücken zur Wand in einen hellorangen Raum, der sich konform mit meinem Rückzug ständig vor mir erweiterte. Ich hatte da einen riesigen Schreibtisch und alle erdenklichen elektronischen Medien zur Verfügung, aber ich würde keine persönlichen Kontakte pflegen können, was mir dann aber doch zu einsam erschien, sodass ich wieder in den Alltag und in mein Krankenbett zurückkehrte.

Während meiner Genesung besuchte ich im Frühjahr 2003 die Bibliothek der Universität Klagenfurt, wo ich zufällig eine junge Studienkollegin traf, die mich dazu ermunterte, das Doktoratsstudium wieder aufzunehmen und mich mit dem Thema „Slovenstvo pri Lipušu“ (= Das Slowenentum in Lipušs Werken) zu beschäftigen. Wir waren während des Diplomstudiums gemeinsam bei der Lehrveranstaltung einer Gastprofessorin aus Maribor über den Postmodernismus bei den Slowenen gewesen, wo mir Lipušs historischer Roman vom Chaos sehr gut gefiel. Ich entschied mich kurzerhand, im WS 2003/04 dieses Thema an der Studienabteilung anzumelden. Und so begann ich Lipušs Werke zu lesen, zuerst seine Skizzen und Aufsätze in „mladje" (= Jungholz, Literatur-/Kulturzeitschrift), dann sein Skizzen-Buch und seine Agitationsstücke, dann die Romane, alle sieben, zuerst in Slowenisch, dann in Deutsch. Nebenbei sammelte ich die notwendigen wissenschaftlichen und anderen Texte zu Lipušs Biographie, die von Johann Strutz im Buch „Lipuš lesen" veröffentlicht worden war.

Für die umfangreichen Textrecherchen brauchte ich ca. ein Jahr lang. Als ich wieder einmal in Innsbruck bei meiner jüngsten Tochter zu Besuch war, ging ich auch auf der dortigen Germanistik ins Internationale Zeitungsarchiv, um Texte auszuheben, denn mein externes Modul zum PC hatte nur eine sehr geringe Übermittlungskapazität. Es fiel mir auf, dass es sehr viele einzelne Zeitungsartikel zum Thema gab. Ich ordnete sie nach den Kriterien Zeitung bzw. Zeitschrift und Slowenisch bzw. Deutsch. Dann verfasste ich dazu je ein chronologisches Verzeichnis und ich überlegte mir Bewertungskriterien für die einzelnen Artikel, wie z. B. Volksgruppenpolitik, Eros, Pathos, Thanatos u. ä. Dann erfasste ich Merkmale von Textsorten, wie z. B. Biographie, Aufsatz, Skizze, Novelle, Roman usw. Nachdem ich die Artikel sehr sorgfältig durchgelesen hatte, klassifizierte ich sie dann auch im chronologischen Verzeichnis, damit ich mir später beim Verfassen der Doktorarbeit leichter tun würde.

Insgesamt brauchte ich ungefähr zwei Studienjahre, also vier Semester, um die erforderlichen Prüfungen abzulegen, denn ich habe die vorgeschriebenen zwölf Semesterstunden doppelt und dreifach absolviert, um einen Benotungspolster zu haben. Der letzte Nachweis über die Prüfungsergebnisse belegt die Durchschnittsnote A/Sehr gut. Im Frühjahr 2006 hatte ich mit dem Abfassen der Doktorarbeit begonnen, als mein Mann unheilbar erkrankte. Daher dokumentierte ich den Forschungsstand im Sommersemester 2006 für mich sehr genau, um später daran anzuknüpfen. Ab Oktober desselben Jahres pausierte ich dann. Nachdem mein Mann Ende Dezember 2006 verstorben ist, nahm ich das Schreiben im März 2007 und das Studium im WS 2007/08 wieder auf. Ich brauchte doch einige Zeit, um die Dissertation in Reinschrift einreichen zu können. Anfang 2008 verteidigte ich sie dann erfolgreich, obwohl mich die Erstbetreuerin vorher dazu bewegen wollte, die gesamte Arbeit noch einmal total neu zu verfassen. Obwohl ich mündlich nie gut drauf bin, konnte ich dann doch noch ein gutes Gesamtergebnis erreichen.

Gleichzeitig mit der Abfassung der Dissertation arbeitete ich auch am Passionsspielbuch, das dann im Sommer 2007 im Hermagoras-Verlag erschienen ist. Es gab dazu zwei Präsentationen, u. zw. im März 2008 in Ledenitzen in der neuen Aufbahrungshalle und im März 2009 in Gödersdorf in der Filialkirche. Beide Male waren die Besucher begeistert von der Passionsspielgeschichte in der Pfarre St. Stefan. Da ich noch sehr viel unveröffentlichtes Material gesammelt hatte, blieb ich an diesem Thema dran und ich begann, an einem weiteren Passionsspielbuch zu schreiben. Die Kärntner Landesregierung, Abteilung Kultur, unter einem FPK/FPÖ-Landesrat unterstützte mein Forschungsvorhaben mit einem Geldbetrag. Die Dateien zum zweiten Buch habe ich im Jänner 2011 im Kärntner Landesarchiv abgegeben, wo sich der Herr Direktor persönlich um das Layout und den Druck des Buches bemüht. Mein zweites Passionsspielbuch mit dem Titel „Verurteilt zum Tod am Kreuz. Kärntner Christi-Leiden-Spiele“ erscheint noch heuer im Verlag des Kärntner Landesarchivs, wobei die Abteilung Volkskultur der Kärntner Landesregierung einen ganz bestimmten Geldbetrag zu den Druckkosten beisteuert.

Über meine weiteren Forschungs- und Buchprojekte habe ich schon geschrieben. Hier sei nur noch erwähnt, dass im Buch 2007 die St. Stefaner Passion in Slowenisch, im Buch 2011 die Metnitzer Passion (1911/16) des Sylvester Wietinger und die Maltschacher Passion (1920) des Josef Spiess in Deutsch abgedruckt sind. Ferner befinden sich darin meine deutsche Übersetzung der St. Stefaner Passion (1931) des Edmund Müller und einige sehr alte slowenische Texte, wie z. B. die Marienpassion aus Zell (1902). Da es im Grazer Universalmuseum in der Abteilung Volkskunde und im Slowenischen Volkskundeinstitut in Klagenfurt noch weitere unveröffentlichte Passionsspieltexte gibt, werde ich eines Tages noch ein drittes Buch darüber veröffentlichen. Das meiste Material dazu habe ich in Kopien schon zu Hause. Es fehlt mir nur noch ein genauer Arbeitsplan und die nötige Zeit zum Eintippen der Handschriften und zum Abfassen der populärwissenschaftlichen Begleittexte.

Zu Beginn des vergangenen Jahres überarbeitete ich dann meine Doktorarbeit komplett, sodass ich allgemeine Informationen zur sprachlichen, literarischen und kulturellen Entwicklung des Slowenischen in Kärnten einfach auf meine Homepage http://ruhdorferluisemaria.npage.de stellte. In das erste Lipuš-Buch nahm ich den wissenschaftlichen Teil über die Besprechung seiner Skizzen und Romane auf, indem ich meinen Ausführungen eine chronologische Liste zu seinen Veröffentlichungen zu Grunde legte. Die vom Autor geschilderte Gesellschaft funktioniert wie ein Ringelspiel, bei dem der fixe Antriebsteil in der Mitte sowohl die Geschwindigkeit als auch die Bedingungen vorgibt, d. h. dass z. B. in einem Schülerheim strenge Regeln herrschen, die keinesfalls verletzt werden dürfen. Und nun hält sich die breite Masse auch gerne an diese Vorgaben, sprich: Alle Zöglinge sind heilfroh, so tanzen zu dürfen, wie die Leitung das wünscht. Und jetzt kommt das Besondere an Lipuš-Texten: Aus diesem moralisch einwandfreien Gefüge schert einer aus, und der beschert den Anderen nichts als Unruhe und Aufsehen durch seine total verrückten Aktionen. Damit habe ich die schlussendlich von beiden Betreuern meiner Dissertation geforderte totale Überarbeitung nachgebracht.

Da ich auch hier noch umfangreiches Material vorliegen habe, das noch nicht wissenschaftlich kommentiert bzw. zu einer Veröffentlichung zusammengefasst wurde, gedenke ich irgendwann eine entsprechende Publikation in Buchform vorzulegen. Die wird v. a. die in slowenischen Zeitungen und Zeitschriften veröffentlichten Literaturkritiken zu Lipušs Werk enthalten, u. zw. im slowenischen Original und in der von mir vorgenommenen deutschen Übersetzung, sodass die deutschsprachigen Literaturkritiker sich zukünftig auch mit dieser Rezeptionswelle beschäftigen können. Der Arbeitstitel für dieses zweite Lipuš-Buch lautet: „Florjan Lipuš in

Literaturkritiken. Rezeptionswellen in Periodika“. Darin wird meine bereits erstellte Bewertungsskala dann neuerlich zum Tragen kommen, denn ich werde aus den einzelnen Artikeln nur markante Passagen herauspicken. Dann fehlen zur Lipuš-Forschung noch immer die slowenische Übersetzung der deutschsprachigen Kritiken, eine umfassende Biographie und eine entsprechende Chronik, die auch seine Tätigkeiten als Übersetzer bzw. auf vielen anderen gesellschaftlichen Ebenen entsprechend würdigen. Und es fehlen v. a. für die Jugend kommentierte Lipuš-Ausgaben, die die Geschichte und andere Hintergrundaspekte ausleuchten, vor denen sich Lipušs Romanhelden bewegen. Und schließlich fehlt noch eine Veröffentlichung aller Lipuš-Kurztexte, die nicht im Skizzen-Buch enthalten sind. Eine solche deutsche Übersetzung wird von Johann Strutz derzeit vorbereitet und 2012 im Wieser-Verlag erscheinen.

Und nun zur Überschrift dieses siebenten und damit auch letzten Kapitels in diesem Buch, das Erzählungen enthält. Das Literaturstudium und die Promotion habe ich schon ausreichend genug behandelt. Zum Philosophieren möchte ich noch was sagen, nämlich: Wenn ich mich daran mache, einen Text oder ein Buch zu schreiben, dann überlege ich mir neben dem Inhalt auch die Form sehr genau. Und da kommen mir ganz eigenartige Ideen. Wenn ich nämlich über denn Sinn meines Schreibens nachdenke, dann will ich diesen auch ausdrücken, u. zw. mehr oder weniger bewusst. In den Proseminar- und Seminararbeiten ist man immer froh, wenn man den Inhalt zusammengestoppelt, Überschriften dazu gefunden und ein Inhaltsverzeichnis erfolgreich erstellt hat.

Für die Diplomarbeit sucht man sich das Thema ganz genau aus, man weiß, welchen Umfang die Arbeit haben soll, man kennt auch schon die wichtigsten Inhaltspunkte. Normalerweise. Nicht so bei mir! Ich habe mir sowohl für die Diplomarbeit als auch für meine Doktorarbeit ein Thema ausgesucht, das mich fasziniert hat, von dem ich aber nicht wusste, was Sache ist, was ich schreiben und erforschen müsste, was letztendlich dabei herauskommen würde. Auf jeden Fall ist es mir aber doch gelungen, sowohl in der Diplomarbeit als auch im dazugehörigen Buch (2007) philosophische Spuren zu hinterlassen, die bis heute niemand bemerkt hat.

In den allgemeinen Literaturstudien war mir aufgefallen, dass jede mitteleuropäische Einzelsprache nach denselben Kriterien erschlossen wurde. Demnach gab es zuerst die mündliche Textüberlieferung, dann folgten handschriftliche

Aufzeichnungen, dann erst wurden Bücher gedruckt und im Anschluss daran wurden Einzelpersönlichkeiten als Autoren wichtig usw. usf. Daraus kann man schließen, dass es ein ursprüngliches Phänomen gibt, dem ein Gegensatz folgt, woraus schließlich ein neues Kriterium auftaucht usw. usf. Die mündliche Überlieferung ist ein Phänomen, das eine Zeit lang vorhält. Dann schreibt jemand welche Texte von Hand auf. Eine gewisse Periode halten sich diese Gegensätze die Waage, bis daraus der Buchdruck als neues Phänomen entsteht.

Und so habe ich versucht, im Inhaltsverzeichnis schon diese Erkenntnisse wiederzugeben. Z. B.: 3 Gattungen des geistlichen Dramas, 3.1 Die Entstehung des Passionsspiels, 3.2 Die Verbreitung der Passionsspiele, 3.3 Aufführungen in Deutsch und Slowenisch. Immer gelang es mir nicht, diese Prämisse auch durchzuhalten, aber ich habe mir auf alle Fälle mehr dabei gedacht, als meistens angenommen wird. Die Gattung des geistlichen Dramas entsteht eben z. B. als Passionsspiel, das sich verbreitet und plötzlich in Deutsch und Slowenisch aufgeführt wird.

Des Weiteren hatte ich mir vorgenommen, die Arbeit aus kleinen oder kleinsten Einheiten zusammenzusetzen, d. h. dass ich sie seitenweise geschrieben habe, u. zw. hatte jede

Seite einen Hauptschwerpunkt. Und das ist mir durchgehend gelungen. Da ich die Endredaktion selber vorgenommen habe, konnte dies auch im Passionsspielbuch (2007) derart gehandhabt werden. Den Verlagslektor hätte das überhaupt nicht interessiert. So aber konnte ich in der Diplomarbeit und im Buch des Hermagoras Verlages die Überschriften immer auf eine neue Seite setzen und kein Absatz wird auf der nächsten Seite weiter geführt, außer im „Povzetek“ (= slow. Zusammenfassung). So konnte ich kleine überschaubare Texteinheiten verfassen und diese allmählich zu einem Ganzen zusammenfügen, das meine philosophische Grundbotschaft weiterträgt. Im zweiten Passionsspielbuch wird das nicht der Fall sein, weil dort viele Experten die Endredaktion vornehmen, die wieder andere Kleinigkeiten in den Vordergrund stellen, wie etwa die Vermeidung von Abkürzungen oder die Positionierung von Bildmaterial.

Auch meine Doktorarbeit beherrschen philosophische Leitsätze. Die bereits besprochene Dreierkonstellation tritt v. a. in Kapitel 6.2 Sittengemälde auf, in dem ich drei mal drei Phänomene als „Ursache-Gegenteil-Wirkung“ beschreibe. In der Zusammenfassung in den Unterkapiteln kommt das ganz deutlich zum Ausdruck, wenn ich feststelle, dass Lipuš als Kärntner Slowene die eigenen Volksgruppenvertreter, die Hermagoras-Gesellschaft und die r.-k. Kirche in Kärnten kritisiert. In 6.2.9 komme ich zu dem Schluss, dass Florjan Lipuš sowohl die Position als Journalist bzw. Chronist als auch die des Philosophen einnimmt. In Lipušs Werken, ganz besonders in seinen Romanen, ließen sich philosophische Überlegungen hinsichtlich der Rolle der Frau und anderer Fragen anstellen, die ich mangels gymnasialer Ausbildung und auf Grund der nicht vorhandenen Kenntnisse in den klassischen Sprachen Griechisch und Latein nicht zu leisten im Stande bin.

Dass meine Doktorarbeit in zwei Teilen erschien, hat mit der Anregung der Erstbetreuerin zu tun, wonach es leichter ist, den slowenischen Originaltext beim Lesen daneben liegen zu haben und nicht immer umblättern zu müssen. Eigentlich wollte ich meine ganze Diplomarbeit zweisprachig verfassen, was die Betreuerin aber abgelehnt hat. Sie bestand darauf, dass ich die slowenischen Zitate im Original einzuflechten habe. Und das Abfassen wissenschaftlicher Texte gelingt mir einfach in Deutsch besser als in Slowenisch, weil es mir in der zweiten Landessprache noch immer an Übung fehlt. Für Doktorarbeiten gelten aber nicht dieselben Vorschriften wie für Diplomarbeiten, wonach eine Zusammenfassung in der jeweils anderen Sprache im Umfang von ca. zehn Seiten enthalten sein muss.

Nachdem ich die Diplomarbeit und die Doktorarbeit in Deutsch geschrieben habe, in erster mit Originalzitaten in Slowenisch, in zweiter mit ins Deutsche übersetzten Zitaten, habe ich auch die daraus entstandenen Bücher so angelegt. Eine mögliche Verkaufseinbuße beim Passionsspielbuch (2007) habe ich zunächst durch eine Zusatzbroschüre in Deutsch auszugleichen versucht. Im zweiten Buch habe ich aber alle slowenischen Originalzitate aus dem ersten in Deutsch eingeflochten und, wie bereits ausgeführt, auch die St. Stefaner Passion (1931) ins Standarddeutsche übersetzt. Beim Lipuš-Buch wurden die slowenischen Zitate leider aus Platzgründen weggelassen. Die kritischen Sekundärtexte werden dann im zweiten Lipuš-Buch angeführt sein.

Während man sich in wissenschaftlichen Texten genau an die Vorschriften der einzelnen Institute halten muss, hat man bei der Gestaltung von literarischen Texten relativ freie Hand, um seiner Kreativität Ausdruck zu verleihen. In der Veröffentlichung muss man sich aber auch wieder an die Vorgaben der einzelnen Verlage und ihrer Lektoren halten. Nicht nur in dieser Hinsicht ist die Zusammenarbeit mit dem Re Di Roma Verlag in Remscheid ein Vergnügen, denn man kann auf der Homepage des Verlages alle wesentlichen Informationen hinsichtlich Schriftgröße und Format u. ä. nachlesen, bevor man die Texte zusammenstellt, was einem bei der Endredaktion sehr viel Arbeit und Energie erspart. Zunächst wollte ich jedoch z. B. in diesem Erzählband „ohne Abteilen“ auskommen.

Hatte ich meine Gedichte ursprünglich in Textblöcken zu je 12 Stück zusammengestellt, so beschloss ich, immer zwei Kapitel zu einem Textkorpus zusammenzuschließen. Dabei ließ ich experimentelle Poesieversuche weg. Die bewahre ich ganz konventionell in einer Mappe nur für mich auf. In dieser Mappe habe ich auch künstlerische Kostbarkeiten von meinen Kindern sowie individuelle Fotos aufbewahrt. Im Zuge einer Umgestaltung habe ich ganz einfache Grafiken angefertigt, u. zw. mit einem orangen Buntstift. Diese Striche habe ich mit dem Zeichenstift im Notebook nachgezogen, die Flächen mit Farbe ausgefüllt und so entstanden Grafiken für dieses Buch mit Erzählungen zu verschiedenen Themen. Für das Gedichtbuch „klagen – fragen – plagen“ habe ich Frau Gabriela Tilly-Ammerbauer um Grafiken gebeten. Darin umfassen die sechs Kapitel jeweils 24 Seiten. Das ergibt insgesamt 144 Seiten, das sind gleichviel wie ursprünglich vorhanden waren, nämlich 12 Kapitel zu je 12 Seiten, wobei allerdings vereinzelte Texte zusammengefügt bzw. auch vernichtet wurden, weil sie einfach zu nichts taugten.

Dann hatte ich den Plan, in diesem Buch 8 Essays zu je 24 Seiten zu publizieren, ohne Tabellen und Grafiken, also nur Text. Das wären 192 Seiten gewesen. Dabei orientiere ich mich an den Verlagsvorgaben, wonach einfacher Text im Umfang von bis zu 200 Seiten am kostengünstigsten kommt. Die acht Kapitel sollten folgende Überschriften tragen: Vom Leben in der Familie, Vom Lernen in der Schule, Vom Phantasieren über Erlebnisse, Vom Schwafeln in Gedichten, Von den Erfahrungen beim Studium, Vom Veröffentlichen in Büchern, Vom Evaluieren des Unterrichts, Vom Disputieren in Erzählungen.

Dann wieder hatte ich die Idee, aus je drei religiösen Texten ein Kapitel mit 21 Seiten zu gestalten, insgesamt 7 Kapitel sollten es sein. Und dazu würde ich aus der Mappe mit den ursprünglichen Gedichten die Zeichnungen nehmen und sie mit je zwei Farben verfremden und mit Schnipseln zu Collagen vervollständigen. Das habe ich aber sehr bald wieder verworfen und ich bin, wie oben bereits beschrieben, vorgegangen. Dabei sind mir die Zahlen 3 und 7 aufgefallen. Dann überlegte ich, dass ich eigentlich die Primzahlen als Konstruktionsgrundlage für dieses Buch nehmen könnte. 1,

2; 3, 5, 7, 11, 13, 17, 19, 23, 29, 31, 37 usw. Die haben mich schon während der HAK-Zeit fasziniert, weil ich beobachtet habe, dass Schüler z. B. das Einmalsieben sehr schwer erlernen. Und wir rechneten damals auch mit dem großen Einmaleins. Also z. B. 7 mal 13 oder 11 mal 17 u. ä. Und das war für alle Durchschnittsschüler ein Horror. Aber mir gefielen diese Zahlenspiele ganz besonders.

Dann stellte ich Überlegungen zur Form und zum Umfang dieses Buches an. Die Summe der Primzahlen von 2 bis 23 ergibt die Zahl 100, plus die nächsten drei Primzahlen erhält man die Zahl 197. Das wäre eine schöne Seitenanzahl, nur eben mit dem Handicap, dass man einen Erzählband viel schwerer vollkriegt als einen Gedichtband, denn man muss auch wirklich alle Zeilen vollschreiben. Und ein Bestseller über die Schwächen von Verwandten oder über meine eigenen Idiotien sollte es nicht werden. Die Zahl „1" steht für das Buch, die „2" habe ich schon im Gedichtband behandelt, wie oben ausgeführt.

Hier nehme ich nun „3" Themen in die Überschrift, dann beginne ich mit den „7" Kapiteln mit aufsteigender Anzahl an Seiten, denn das Leben wird auch mit zunehmendem Alter immer komplexer. Das erste Kapitel hat „5" Seiten, das zweite „11", das dritte „13", das vierte „17", das fünfte „19", das sechste „23", das siebente „29". Das ergibt 117 Seiten. Dann füge ich die Geschichte über eine frei erfundene Familie im Zweiten Weltkrieg im Umfang von „31" Seiten an, dann kommt noch der Vorspann mit „5" Seiten dazu, „7" Farbtafeln (je eine zu jedem Kapitel) gehen den Kapiteln voraus, und schließlich folgen noch „3" Seiten mit meinem Lebenslauf (samt Bücherreklame). Das ergibt insgesamt die wunderschöne Primzahl von „163" Seiten. Das ist dann ein wort- und satzgewaltiges, aussagekräftiges Büchlein, voll verborgener Metaphern und doch durchschaubar dargestellt, v. a. aber ein Erzählprodukt zu einem erschwinglichen Preis von ungefähr 17 Euro.

Begonnen habe ich diesen Erzählzyklus am 6. Juni 2010 auf der gelben Parkbank neben dem ehemaligen Zillerbad in Villach, fortgeführt habe ich ihn am 23. Jänner 2011, dann im Mai und Juni 2011, und beendet habe ich ihn einige Tage nach meinem Namenstag am 21. Juni 2011. Zuerst habe ich die Kapitel eins bis zwei geschrieben, dann habe ich die Geschichte am Schluss eingefügt, dann habe ich nach einer Pause die Kapitel drei und vier, dann gleich darauf fünf und sechs, dann noch sieben verfasst und schließlich noch die restlichen Angaben und meine Grafiken und Fotos sowie meinen Lebenslauf eingefügt. Dann habe ich absichtlich eine längere Zeitspanne verstreichen lassen, bevor ich die Endredaktion im Juli 2011 vorgenommen habe.

Zu schreiben begonnen habe ich gleich mit Bleistift, wie auch schon erwähnt. Dann habe ich meine Schulaufgaben gemacht und Briefe geschrieben und ich habe allmählich gelernt, Abrechnungen vorzunehmen, wie man Ansuchen formuliert, wie man Personalbögen führt. Am Anfang meiner Karriere als Postangestellte kaufte ich mir dann die erste Schreibmaschine in Kranj, denn dort waren die Waren viel billiger als hier. Diese Maschine hatte aber keine Umlaute und auch kein „ß“ auf der Tastatur, weshalb meine Eingaben auch immer dementsprechend auffielen. Für die Kinder habe ich dann eine Kofferschreibmaschine angeschafft, denn alle vier mussten vorher richtig tippen lernen, bevor sie mit den elektronischen Geräten umzugehen lernten. Das war eben auch immer ein Leitspruch von mir, dass man etwas zuerst händisch und praktisch können muss, bevor man dieselbe Tätigkeit mit Hilfe eines technischen Gerätes oder durch ein elektronisches Hilfsmittel ausführen lässt.

Zu Beginn des Studiums habe ich mir zunächst eine elektrische Schreibmaschine mit Typenrädern gekauft, denn ich brauchte ja die deutschen Umlaute „ä, ö, ü“ und das „ß“ genauso wie die slowenischen Zischlaute „č, š, ž“ und einige

Sonderzeichen wie „∫, ∂, ŕ“ zum Abfassen der Hausübungen und meiner ersten wissenschaftlichen Arbeiten. Mit Hilfe dieser Schreibmaschine konnte ich schon kürzere Texte auf Disketten abspeichern. Ich musste also nicht wieder alles neu tippen, wenn ich Fehler hatte oder mir über die Form nicht von Anfang an klar war. Eines der Typenräder bewahre ich in meinem Archiv auf. Ich habe mich damals nicht gleich getraut, einen Computer zu bedienen, denn ich war ja fast 20 Jahre zu Hause und „nur-Hausfrau“.

Nach einigen Semestern gab es eine Aktion der Hypo, u. zw. auch von ihrer Zweigstelle in Villach. Da konnte man sehr günstig einen Computer samt externem Modem und Drucker leasen. Das habe ich auch getan, nachdem ich auf der Universität Klagenfurt einen Gratis-Einführungskurs besucht hatte, an dem auch Bedienstete aus der Bibliothek teilnahmen. Ich mühte mich mit Windows 1997 ab, schrieb alles händisch mit und übte zu Hause wie eine Wahnsinnige. Manchmal verfolgte mich der Teufel persönlich, wenn etwas aus unerklärlichen Gründen plötzlich nicht mehr da war, obwohl ich es gerade vorher erfolgreich eingetippt hatte.

Für meine Diplomarbeit habe ich sämtliches Bildmaterial kopiert und dann eingeklebt und wieder kopiert. Das war bei meinem Thema wahnsinnig viel Arbeit. Mein Mann hat die

Landkarten händisch gezeichnet und nach einem Raster der gewünschten Größe angepasst. Bilder und Grafiken konnte ich auf meinen Disketten nicht abspeichern, denn mein PC hatte einfach trotz neuer Festplatte zu wenig Speicher- und natürlich fehlte es ihm auch an Übermittlungskapazität. Mit der Zeit habe ich gelernt, einfache Grafiken zu erstellen und Bilder einzuscannen, nachdem ich mir auch ein solches Gerät gekauft hatte. Gegen Ende des Doktoratsstudiums gab es dann ein Sonderangebot für ein Notebook, in dem inzwischen außer meinem ersten Passionsspielbuch alle Arbeiten entstanden sind, die ich bereits aufgelistet habe. Ich habe mir dazu ein Kombi-Gerät aus Drucker, Scanner und Kopierer sowie einen Internetanschluss über Funk gekauft und slowenische Wörterbücher installiert, sodass ich jetzt relativ bequem und einfach arbeiten kann.

Nachdem die slowenische Kirchenzeitung auf meinen Gedichtband aufmerksam geworden war, erhielt ich auch eine Einladung zu einer ersten Lesung im Bildungsheim Tainach zu Beginn dieses Jahres. Dieser Lesung folgte die Aufnahme in den Kreis der IG AutorInnen Kärnten und die Einladung zur Lesung im Musilhaus in Klagenfurt am 8. März d. J., dem 100. Internationalen Frauentag, sowie wenig später die Einladung zur Lesung im Klagenfurter Dom, denen ich gerne folgte. Drei meiner Gedichte erscheinen in Kürze in der Anthologie „Wörterspuren 2011“, die Hubert Tassatti alljährlich herausgibt. Diese Anthologie wird in einer Lesung am 2. Sept. d. J. im Musilhaus präsentiert. Da werde ich diese zum Teil zweisprachigen Texte selber vortragen.

Zu meinem Schreibstil ist noch zu sagen, dass ich nicht gendergerecht schreibe, weil es für mich selbstverständlich ist, dass ich die männliche Form verwende, denn da fühle ich mich mit angesprochen und mit eingeschlossen. Ich verwende die Form auf „-Innen“ nur, wenn ich ausdrücklich auf etwas Besonderes hinweisen will oder wenn ich durch äußere Umstände dazu angehalten werde, dies zu tun. Da dies im Slowenischen mit den Wortbildungssilben nicht so leicht zu bewerkstelligen ist wie im Deutschen, schreibe ich in Slowenisch erst recht nicht genderkonform. Für dieses Buch gebe ich den Text auch schon so ein, dass ich nachher nicht mehr lange herumkorrigieren muss. Und wenn ich mir so ein kleines Etappenziel setze, dann halte ich das auch beinhart durch.

Lange Zeit habe ich Texte zuerst von Hand entworfen, dann auch händisch gekürzt oder erweitert. Erst jetzt bin ich so weit, dass ich einen Text gleich in den PC in das dafür in Frage kommende Dokument eintippe, ihn dort bearbeite und endredigiere, denn jetzt habe ich dafür auch die unbedingt erforderlichen Speichermöglichkeiten. Und so wie ich Zeit habe, beschäftige ich mich mit den alten Dateien, um sie auf den neuesten Stand meiner Technik zu bringen. Daher habe ich inzwischen auch das Bildmaterial aus dem Passionsspiel-Buch (2007) eingescannt und entsprechend abgespeichert und z. B. ein Stichwortverzeichnis (nur für meinen Gebrauch) angelegt. Wie man sieht, verwende ich in diesem Buch hier alle konventionellen Abkürzungen.

Ich komme wieder auf das Motto der Erzählungen zurück und ändere den kleinen Vierzeiler von vorhin noch einmal ab zu: „Öffne dich und lasse Gott / ein in deinen Verstand, / dann trägst du ganz sicher / dein Herz offen auf der Hand.“ Ich habe nämlich immer wieder die Erfahrung gemacht, dass ich bei schwierigen Entscheidungen immer die Wahl habe, den glatteren und einfacheren Weg zu nehmen oder mich auf den zerklüfteteren und anstrengenderen zu begeben. Ein ganz praktisches Beispiel dazu: Ich spüre, dass ich in einer Gewohnheit gefangen bin. Ich erkenne dieses Übel und will da heraus. Dann überlege ich mir, welche Schwierigkeiten ich mit meinen Mitmenschen deshalb bekommen kann. Und wenn ich mich bewusst dazu entscheide, diesen kleinen Schritt zu wagen und zu dieser Verlockung ganz klar und deutlich „Nein“ zu sagen, dann wird mir auch die Kraft zuteil, dass ich mich von dieser schlechten Gewohnheit lösen kann. Ich merke, wie ich getragen werde, wie ich schwebe und wie ich nach drei Tagen auf der nächsten Stufe meiner Entwicklungsleiter ankomme und Halt suche. Und wenn ich so eine Entscheidung einmal gefällt habe, dann falle ich in dieses Laster auch nie wieder zurück. Allerdings tut es unter Umständen verdammt weh, sich von lieben Gewohnheiten zu befreien. Und diesen Zustand nenne ich „das Erwachen aus der Armut“, denn ich kannte vor diesem einen Nein den Reichtum nicht, der mich danach erwartet und erfüllt. Und so kann man Schritt für Schritt dem gesteckten Lebensziel und Stufe für Stufe auf der persönlichen Leiter dem eigenen Höhepunkt näher kommen.

Als ich Paulo Coelhos Buch „Auf dem Jakobsweg“ las, nahm ich mir auch die von ihm empfohlenen Exerzitien vor. Einige gelangen mir, andere nicht. Jedenfalls träumte ich dann einmal von meinem eigenen Begräbnis. Ich verlor allmählich meine Körperfunktionen und dann lag ich im Sarg. Man trug mich auf unseren Kirchenfriedhof, hinein bei der Friedhofstür, und ich sah ganz genau, wer da rechts und links, vorne und neben dem Sarg einherschritt. In der Kirche angekommen, stellte ich fest, wer einen Text aus der Bibel vorlas. Ich schickte mich an, als Wesen ohne Körper den Sarg zu verlassen und in Spiralen aufzusteigen, was bei einigen Personen ziemliches Aufsehen erregte, für andere aber ein ganz selbstverständliches Geschehen war. Ich wand mich in Spiralbewegungen höher und höher und ich merkte, dass mein Sehvermögen auf Null geschrumpft war und wie mich mein Gehör nach und nach verließ, bis ich so weit war, in den orangen Lichtball der „Gnaden-Sonne" einzutauchen und mit ihm zu verschmelzen.

Ich besitze auch die Gabe, mich in Sprachen hinein zu versetzen, was ich besonders im Umgang mit älteren psychisch Erkrankten feststellte, die mich mit meiner Mama verwechselten. Also musste ich mich in eine archaische Sprachstufe begeben und auf Fragen antworten, von denen ich nicht wusste, wie sie ursprünglich von meiner Mama gelöst worden waren. Interessant ist dabei, dass mein Alter oder mein Aussehen irrelevant waren, denn meine Mama starb im Alter von 32 Jahren, trug immer einen Knoten, hatte schwarze Haare, war niemals Brillenträgerin, und es fehlte ihr ziemlich vorne ein Zahn. Ich hatte zum Teil andere äußere Merkmale, aber mein Wesen und meine Wellenlänge in der Sprache vermittelten demjenigen trotzdem die Persönlichkeit meiner Mama. Die prophetische Gabe, „in fremden

Zungen reden zu können“, half mir auch einmal in Ljubljana, als ich einen total verzweifelten Buben beruhigen konnte, der auf einem Parkplatz auf seinen Vater gewartet hatte. Ich näherte mich ihm vorsichtig und sprach ihn in seinem gewohnten Dialekt an, worauf er immer ruhiger und ruhiger wurde, so dass er schließlich auch tatsächlich aufgehört hatte, so bitterlich zu weinen.

Und ich spüre z. B. „die Wellenlänge des Weges nach Rutschwil“. Ich war als kleines Mädchen bei den Tanten in der Schweiz und irgendwie habe ich mir damals den Weg so eingeprägt, dass ich ihn jederzeit wieder finde. Das habe ich so klar herausgefunden, als ich zum Begräbnis der jüngeren Tante hinaus gefahren bin. Da habe ich absichtlich den Bus gewählt, weil ich wusste, dass es das letzte Mal sein würde, dass ich diesen Weg wähle und diesen kleinen Ort besuche, denn die ältere Tante war kurze Zeit vorher gestorben, so dass da niemand mehr sein würde, zu dem es mich hinzieht. Und bevor ich durch das große vordere Panoramafenster des Busses auch tatsächlich das Ortsschild lesen konnte und bevor die Silhouette des Ortes am Horizont aufgetaucht war, fühlte ich plötzlich: „Da, jetzt, hinter dieser Kurve, liegt Rutschwil!“ Etwas Ähnliches ist mir übrigens an meinen Kindern auch aufgefallen, denn die konnten z. B. einen Weg finden, bevor sie lesen konnten.

Meine Sprachgewandtheit schränkt mich aber natürlich auch ein, weil ich z. B. Übersetzungen nur anfertigen kann, wenn ich mich auf den Autor einschwingen kann, wenn ich ungefähr den gleichen Schreibstil habe usw. Das habe ich auch beim Übersetzerseminar auf Premuda festgestellt, denn wirkliche Profi-Übersetzer bekommen einen Text in die Hand und bearbeiten den dann. So konnte ich z. B. Lipuš zwar bearbeiten, ich könnte ihn aber nicht in großem Stil übersetzen, weil mir seine Art von Kritik und seine absolute Unversöhnlichkeit nicht zusagen und weil ich es nicht für notwendig erachte, die Sexualität so auszuschlachten.

Wenn ich eigene Texte verfasse, dann müssen sie mir aus den Fingern und aus meiner Seele rinnen, sonst ist es besser, dass ich sie gar nicht zu Papier bringe oder „als Datei verfasse und abspeichere“. Zu schreiben, besonders „ganz frei“ zu formulieren, ist ein sehr erhebendes Gefühl, das man, so glaube ich, „flow“ für „rinnen, strömen, fließen“ nennt und das einen Zustand der völligen Vertiefung in das Handeln, in diesem Fall, in das Schreiben bedeutet, sodass man keine Zeit hat zum Essen und Trinken oder für andere derart banale Tätigkeiten. Es kann zur Sucht werden, wenn man sich davon treiben lässt, wenn man nicht mehr Herr der Formulierungen ist. Ich glaube, dass man sich auch hier zwischen einer positiv orientierten Verausgabung und einer negativ beeinflussten Verschwendung frei entscheiden kann. Jedenfalls muss man sich irgendwie in der Kontrolle haben, damit man nicht von einem Burnout zum anderen schlittert, ohne sich dazwischen auch entsprechend zu erholen, u. zw. auf allen Ebenen, also körperlich, geistig und seelisch, denn fiktive Räume zu betreten, die es im realen Leben gar nicht gibt, ist verlockend, anstrengend, aufmunternd und noch was. Ich habe mich bei jeder größeren wissenschaftlichen Arbeit total verausgabt, weil ich sowieso selber schon an den Formulierungen tüftle, weil ich dem Inhalt sowieso die Möglichkeit gebe, dass er sich selber bis zu einem gewissen Grad gestalten kann und weil ich auch der Form ihre Art zugestehe, sodass ich während des Schreibens meiner beiden Abschlussarbeiten zum Slowenischstudium jedes Inhaltsverzeichnis bestimmt zwanzig Mal grundlegend neu erstellt habe. Ich habe also nie gleich die erstbeste Fassung eingereicht. Mit der Zeit wird man dann so schlau, dass man immer noch mindestens einen Talon in der Tasche hat, den man ziehen kann, wenn der Betreuer oder Lektor oder sonst wer das verlangt. Manchmal sind das nur Banalitäten, wie etwa die Anführungszeichen oder die Entfernung der Abkürzungen, die Anordnung von diversen Verzeichnissen, die Verwendung von Sonderzeichen, wie z. B. „ə“ oder „6“ für ganz bestimmte Halbvokale, die im Deutschen in der Silbe „–en“ in „sagen“ bzw. im ostdeutschen „irgend-“ vorkommen.

Wenn man sich in den Kopf setzt, etwas zu erreichen, dann trifft das eines Tages auch ein. Da kann einen weder ein Betreuer noch ein Lektor oder sonst wer davon abhalten, denn immer hatte der Hl. Geist schon mehr Hände und Füße und auch mehr Hirn zur Verfügung, als dieser Einzelne. Ich wollte auch schon immer Lehrerin werden, nur als ich die Möglichkeit zum Studium hatte, war ich fürs Lehramt schon hoffnungslos zu alt und ich brachte fürs Slowenisch-Lehramt auch nicht die notwendige Qualifikation mit, nämlich die Slowenisch-Matura. Und ich wollte eigentlich erwachsene Anfänger unterrichten und keine Kinder. Aus und für immer vorbei war diese Chance! Nur hatte ich die Rechnung wieder einmal ohne den Hl. Geist gemacht! Nun unterrichte ich Erwachsene in Slowenisch und es macht mir großen Spaß!

Lebenslauf mit Passfotos und Publikationen

Luise/Aloisia Maria RUHDORFER, geb. Hasenbichler

Im Sept. 1944 geboren in St. Stefan 17, P. Mallestig

1. Okt. 1944 getauft in der Pfarrkirche St. Stefan b. F.

1950/51 VS Mallestig, 1951-54 VS St. Georgen i. Lav.

27. Mai 1954 gefirmt in der Pfarrkirche Wolfsberg

1954-58 Mädchen-HS Wolfsberg-Priel

1958-63 HAK Villach und 1963-64 Notariatsangestellte

1964-75 Postangestellte/-beamte (Oberkärnten, Villach)
28. Mai 1967 Ehe mit Herfried Ruhdorfer (gest. 2006)
Ab 1967 Mutter von vier Kindern, ab 1975 Hausfrau
1994-2002 Diplomstudium Slowenisch Univ. Klagenfurt
2003-2008 Doktoratsstudium Slowenisch Univ. Klagenfurt
Ab 2002 Slowenistin; ab 2006 Pensionistin

Publikationen:

30. 7. 2007, „Das Passionsspiel ‚Terplenje in smrt Jezusa Kristusa', St. Stefan bei Finkenstein, 1931“, Diplomarbeit, Hermagoras-Verlag, Klagenfurt, ISBN 978-3-7086-0247-9.

25. 3. 2010, „Lipušs Identitätenkarussell. Eine Untersuchung zu Eros, Pathos und Thanatos“, Dissertation (1. Teil), Verlag Re Di Roma, Remscheid, ISBN 978-3-86870-173-9.

18. 5. 2010, „klagen-fragen-plagen. NACHDENK-REIME ÜBER VORDENKER-TRÄUME“, Gedichte, Verlag Re Di Roma, Remscheid, ISBN 978-3-86870-196-8, Grafiken von Gabriela Tilly-Ammerbauer (Slawistin und Sozialarbeiterin).

Aug. 2011, „Gott im Verstand, das Herz in der Hand. Erzählungen über ein geglücktes Leben“, Kurzprosa, Verlag Re Di Roma, Remscheid, ISBN 978-3-86870-382-5.

2011, „Verurteilt zum Tod am Kreuz. Kärntner Christi-Leiden-Spiele“, Fortsetzung zur Diplomarbeit, Verlag des Kärntner Landesarchivs, Klagenfurt.

Hermagoras-Verlag
ISBN 978-3-7086-0247-9
224 Seiten, 22,00 €

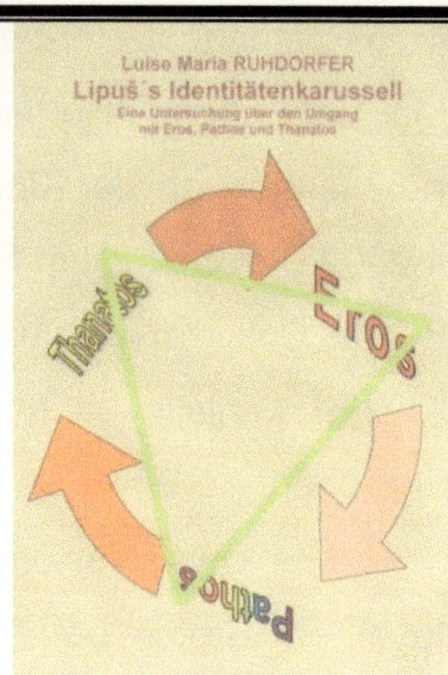

Verlag Re Di Roma
ISBN 978-3-86870-173-9
196 Seiten, 15,50 €

Verlag Re Di Roma
ISBN 978-3-86870-196-8
166 Seiten, 15,50 Euro

Eine Geschichte über Verrat und Langmut

Diese Geschichte ereignete sich in einem Dorf im Rosental am Fuße der Karawanken, zu einer Zeit, als sich eine staatstragende Idee als neue Hoffnung verbreitete. Die Namen der handelnden Personen wurden frei erfunden, nicht aber deren Verhalten im Alltag.

Zu Sylvester 1935 gab es in erwähntem Ort etwas mehr als fünfzig Hausnummern, eine Kirche, mehrere Gasthäuser, ein Kaufhaus und eine Bahnhaltestelle, viele Bauern und Keuschler, einige Arbeiter, die in die nahegelegene Stadt pendelten, um dort ihr Geld zu verdienen. Als Proviant für den ganzen Arbeitstag hatten sie einige gekochte Erdäpfel und ein Stück Brot im Rucksack. Sie arbeiteten als Maurer, Zimmerleute, Dachdecker, Maler und Fassbinder sowie in anderen Berufen am Bau und in Fabriken.

Kein einziger Bub aus diesem Dorf besuchte damals das Gymnasium oder eine sonstige höhere oder mittlere Schule. Alle Kinder waren Volksschüler im nächstgrößeren Ort, selten besuchte jemand die Bürgerschule in der Stadt. Es gab sehr viele Arbeitslose, kein Bargeld, womit die Bauern die Steuern und die notwendige Feuerversicherung hätten bezahlen können. Viele Bauern waren daher Hals über Kopf verschuldet, besonders wenn in so schlechten Zeiten durch einen Todesfall noch eine damit verbundene Erbteilung bewältigt werden musste. Für Schwerkranke wurde nur selten der praktische Arzt gerufen, leichtere Fälle wurden sowieso nur mit Hausmitteln kuriert.

Da sickerte aus Deutschland schon die Nachricht durch, dass der Reichskanzler dort die Wirtschaft anzukurbeln verstünde, sodass er die Bauern zu entschulden gedenke. Auch in besagtem Dorf gab es bereits Nationalsozialisten, die Flugblätter verteilten, diese aber wegen der drohenden Bestrafung wegen Illegalität zum Beispiel in eigens dafür präparierten Tischplatten versteckten.

Die Frauen waren Bäuerinnen und Keuschlerinnen sowie Hausfrauen, vor allem aber Mütter von zehn und mehr Kindern. Es gab selbstverständlich einen Pfarrer und einen Mesner, es arbeitete dort aber kein Schmied mehr, weshalb die Bauern ihre Pferde zum Beschlagen in den größeren Nachbarort bringen mussten. Es gab auch nur einen Bauern mit mehr als einem Pferd, ansonsten fuhr man mit Ochsen, oder man zog den Garling schlicht und einfach selber. Aber es gab keine eigene Hebamme mehr, die früher auch in den anderen Ortschaften praktiziert hatte.

Damals lebten in diesem Dorf zwei Maturanten und beide zählten sich zur Volksgruppe der Kärntner Slowenen, beide engagierten sich auch kulturell für diese Minderheit. Der Jüngere war Bauer, Leiter der örtlichen slowenischen Spar- und Darlehenskasse, erfolgreicher Bienenzüchter; der Ältere war auch Bauer, aber kein Wirtschaftsfachmann, sondern praktizierender Rechtsgelehrter ohne Zulassung, weshalb er ab und zu einige Tage im Gefängnis zubringen musste.

Beide waren verheiratet, der Jüngere, ich nenne ihn Thomas, hatte eine kleine Tochter, der Ältere, der hier Heinrich Weber heißt, hatte vierzehn, zum Teil schon erwachsene Kinder. Seine Frau Martha hatte die Vornamen und Geburtsdaten innen auf der Kastentüre mit blauer Kreide aufgeschrieben, um sie immer bei der Hand zu haben. Priska, Hemma, Heinrich, Martha, Friedrich, Rudolf und Theresia waren schon erwachsen, heute würden sie auch schon alle als großjährig gelten, was damals jedoch erst mit 21 Jahren der Fall war. Käthe, Josef und Clemens gingen nicht mehr zur Schule, Herta, Lukas und Matthäus waren noch schulpflichtig, Johann war in diesem Jahr zu seinem Geburtstag im Juni eingeschult worden.

Von Familie Weber war Tochter Martha bereits in der deutschsprachigen Schweiz verheiratet, Tochter Käthe war ihr in diesem Jahr auf einen Dienstposten bei einem Bauern in der Nähe gefolgt, nachdem ihr Vater Heinrich schweren

Herzens die schriftliche Genehmigung dazu gegeben hatte. Tochter Priska und die Söhne Heinrich und Rudolf hatten bereits eigene Ersparnisse aus ihren Dienstverhältnissen als Köchin bzw. Zimmerergeselle und Polizist, sodass sie ihrem Vater bei der Versteigerung finanziell unter die Arme greifen konnten, um den mächtigen Heinrich-Hof doch noch vor dem endgültigen Verlust für die Familie Weber zu bewahren. Rudolf hatte auch schon Einkünfte aus seiner Tätigkeit als Verbindungsmann zu den Salzburger Nationalsozialisten. Solche Botendienste konnte er in seiner durchaus umfangreichen Freizeit sehr leicht erledigen, zumal er in der Polizeikaserne ein sehr angenehmes Leben führte, denn sowohl die Polizei in den Städten als auch die Gendarmerie am Land war schon mehrheitlich unterwandert.

Im Jahre 1940 waren die fünf ältesten Söhne der Familie Weber schon zur Deutschen Wehrmacht eingerückt. Sie kämpften alle als gewöhnliche Soldaten, außer Rudolf, der von der Polizei direkt in die Waffen-SS übernommen worden war und der auch von der großdeutschen Idee überzeugt war. Irgendetwas klappte jedoch mit seiner Beförderung nicht, obwohl er längst den Ariernachweis erbracht hatte, wobei er sich auf die penible Erledigung der schriftlichen Angelegenheiten durch seinen Vater immer hatte verlassen können. Rudolf merkte eben, dass seine Kameraden längst einen höheren Dienstgrad besaßen als er.

Von den Töchtern der Familie Weber waren alle von ihren auswärtigen Dienstposten wieder nach Hause gekommen, nachdem Österreich an das Deutsche Reich angeschlossen worden war: Hemma kam aus der Schweiz zurück und Theresia aus England. Priska war allerdings schon ein Jahr vor dem Anschluss aus Wien zurückgekommen, weil es dort eben auch bei Herrschaften zu wenig Nahrungsmittel gegeben hatte. Sie hatte aber bald darauf einen Posten in Ljubljana angetreten. Martha war ja schon einige Jahre in der Schweiz verheiratet und hatte zwei Kinder, Käthe brauchte nicht zurück nach Österreich, weil sie mit dem Bauern verlobt war, wo sie im Dienst war.

Vater Heinrich teilte zu Hause am Hof die Arbeit ein, erledigte die wenigen Rechtsgeschäfte und verdingte sich mit Schreibarbeiten, für die er aber von den Mitbürgern eher nicht in bar entlohnt wurde. Bei den Webers sprach man zu Hause nach wie vor Slowenisch, alle Familienmitglieder beherrschten aber auch einwandfreies Deutsch, denn die Mutter von Vater Heinrich war zugezogen und konnte kein Wort Slowenisch, was sowohl um die Jahrhundertwende und noch in den Zwanzigerjahren in diesem Dorf eine absolute

Ausnahme darstellte. Dafür aber war sie eine tüchtige Frau, die sich als Viehzüchterin und Unternehmerin mit ihren hervorragenden Deutschkenntnissen auch bei Behördenwegen leicht tat. Inzwischen war sie schon länger als zehn Jahre verstorben, aber auch die älteren Kinder waren es ja gewohnt, mit ihrer Großmutter väterlicherseits Deutsch zu sprechen, während die Familiensprache der Mutter immer schon Slowenisch gewesen war.

In der Familie Weber gab es auch immer genug Bücher, Zeitungen und Zeitschriften, und zwar aus Ljubljana und aus Klagenfurt bzw. aus anderen Metropolen der Monarchie und später eben aus Österreich oder dem SHS-Staat respektive Jugoslawien. Vorhanden waren Gebet-, Andachts- und Heiligenbücher, Fachbücher für Veterinärmedizin und Medizin, Almanachs und juristische Schriftenreihen.

Während Mutter Martha fest davon überzeugt war, Gott würde ihre Gebete erhören und das Geschehen von oben her entwirren und alles Ungehörige und Schreckliche in Wohlgefallen auflösen, besaß Vater Heinrich sehr viel Weitblick, war doch Thomas ein verlässlicher Nachbar und kompetenter Diskutant. Heinrich war als Jugendlicher Kostgänger in der Stadt, während die anderen Burschen aus dem Dorf dorthin bestenfalls zur Arbeit fuhren, ansonsten aber nur auf den Viehmarkt kamen und nur als Besitzer ein- oder zweimal im Jahr was in der Bezirkshauptstadt oder gar in Klagenfurt zu erledigen hatten. Heinrich beschäftigte sich mit politischen Entwicklungen, seit er denken konnte. Und daher bildete er sich auch stets seine eigene Meinung über Machtkämpfe und Ideologien. Er und Thomas hatten ja in ihrer Gymnasialzeit die griechischen Denker, die römischen Heerführer und die fränkischen Machthaber kennengelernt, ganz zu schweigen von den Heldentaten der Habsburger. Heinrich war im ersten Weltkrieg eingerückt, um den Kaiser und das Vaterland zu verteidigen, obwohl er bereits fünf Kinder hatte und obwohl er schon immer gegen politische Willkür und Korruption angekämpft hatte, sodass er schon als Jugendlicher bald nach dem Gymnasium volle drei Jahre lang hatte seinen Militärdienst ableisten müssen.

Heinrich und Thomas wussten demnach schon viele Jahre, dass es Krieg geben würde, und dass der für die Deutschen nicht gut ausgehen konnte, weil die nationale Idee, die dahinter stand, alle Vielfalt von vornherein im Keim erstickte. Als dieser Krieg dann tatsächlich begonnen hatte, fehlte die männliche Arbeitskraft an allen Ecken und Enden, mussten viele Wehrpflichtige zur Waffe greifen, die sonst eigentlich Pazifisten waren, oder zumindest solche, die kein

Interesse daran hatten, für den Führer irgendwo im Dreck zu liegen oder ein Territorium zu verteidigen, das überhaupt nie zu Österreich gehört hatte. Heinrich überließ jedem seiner Söhne selber diese Entscheidung, denn als sie einrücken mussten, waren sie erwachsene Männer. Er aber unterhielt sich oft mit Thomas über die aktuelle Lage, in Slowenisch natürlich. Thomas war da irgendwie besser dran, denn er hatte ja einstweilen noch keinen Sohn.

Im Jahre 1940 gab es in diesem Dorf einige vollkommen neu erbaute Wirtschaftsgebäude, die infolge des deutschen Wirtschaftsaufschwungs noch vor Kriegsausbruch errichtet worden waren. Einige Bauern waren gerade mitten im Prozess der Entschuldung, als sie die Einberufung erreichte. Wahrscheinlich erhielt nur der Ortsbauernführer immer wieder Aufschub von der Verpflichtung zum Wehrdienst. Viele Knechte aber, die noch vor zwei oder drei Jahren ständig hungrig waren, von einem Bauern zum anderen tingelten, um Arbeit und Unterkunft zu erbitten, hatten bei der Wehrmacht ihren eigenen Sold, gutes Essen und meistens auch eine geregelte Bleibe. Und sie konnten es zu was bringen, sie konnten Gruppenführer werden und die anderen befehligen. Das machte Spaß und es stärkte ihr Selbstwertgefühl ganz enorm. Einige waren sogar in der Nähe bei der neuen

Reichsautobahn beschäftigt, die Salzburg mit Triest verbinden sollte.

Wieder fünf Jahre später schaute die Sache ganz anders aus. Zu Sylvester 1945 war der 2. Weltkrieg Geschichte, viele Begeisterte waren zutiefst enttäuscht, denn jetzt waren sie zwar keine Knechte mehr, denn sie waren wieder in ihren angestammten Berufen tätig, wenn sie vorher einen erlernt hatten. Ansonsten waren sie ganz einfach wieder einmal nur Hilfskräfte, jetzt allerdings unter der Bezeichnung Hilfsarbeiter. Es gab Lebensmittel- und Kleidermarken, kein Heizmaterial, nichts, was man hätte gegen Brauchbares eintauschen können. Nur der Ortsbauernführer hatte es zu bescheidenem Wohlstand gebracht, sodass er Wohnhaus und Wirtschaftsgebäude auch gleich bald erneuern konnte. Die anderen Bauern, die aus dem Krieg zurückgekehrt waren, hatten kein Zugtier, das ganze Werkzeug und der Hausrat waren vernachlässigt oder kaputt, und die Ernte, die die Frauen mit den Kindern und alten Männern eingebracht hatten, reichte nicht für die Ernährung der Familie in diesem strengen Winter, geschweige denn als Saatgut für das nächste Frühjahr.

Viele Familien hatten Gefallene zu beklagen gehabt, einige Soldaten kamen als Kriegsversehrte zurück, ohne Arm oder Bein, vielleicht sogar ohne Auge. Sie mussten sich beruflich vollkommen neu orientieren. Trotzdem weinten viele von ihnen dem Führer nach, der ein so unglückseliges Ende genommen hatte. Sie waren im Krieg zwar in der Welt herumgekommen, ihre Gesinnung war aber parteipolitisch so indoktriniert, dass sie auch lange nach Kriegsende noch der implodierten reichsdeutschen Idee anhingen und die ganze Schuld an der Misere nach wie vor den Juden, Roma und Sinti, sowie in Kärnten natürlich in erster Linie den Slowenen in die Schuhe schoben.

Thomas war mit seiner gesamten Familie im April 1942 ins Deutsche Reich ausgesiedelt worden. Eines Tages erschienen zeitig in der Früh Gendarmen, die ihnen befahlen, alles zusammenzupacken, was sie mitnehmen wollten. Es gebe einen Befehl, sie auf einen anderen Hof im Reich umzusiedeln. Die Idee dahinter war, jene Familien, die weiterhin Slowenisch als Umgangssprache verwendeten, obwohl es inzwischen auch in der Schule und in der Kirche verboten war, in deutsche Siedlungsgebiete zu verfrachten, um ihren kulturellen Widerstand zu brechen. Das war eine großangelegte Aktion der Reichsverwaltung, die für ganz Südkärnten ausgearbeitet und für denselben Zeitraum geplant worden war, den Bürgermeistern aller Gemeinden bekannt gewesen war und unter strengster Geheimhaltung durchgeführt wurde. Nur da und dort konnte sich ein gut Informierter diesem Befehl entziehen, indem er an besagtem Termin einfach nicht zu Hause anzutreffen war.

Thomas, seine Frau und seine beiden Töchter, nun waren es zwei, wurden dann am Vormittag mit Lastwagen samt ihrem Hab und Gut, das sie in Leintücher eingewickelt hatten, abtransportiert. Seine drei Halbschwestern durften im Nebengebäude wohnen bleiben, denn die hatten sofort alle Bedingungen der Landesverwaltung erfüllt und ihre Muttersprache Slowenisch gegen das ihnen vollkommen fremde Deutsch ausgetauscht. Auf den Hof des Thomas war ein Kanaltaler gekommen, der sich hier nicht zu Recht gefunden hatte, nach Kriegsende noch immer da war, als der ehemalige Besitzer mit seiner Familie, inzwischen hatte seine Frau in der Fremde noch eine dritte Tochter geboren, bereits aus dem deutschen Lager zurückgekehrt war, in dem sie zuletzt untergebracht waren.

Im Lager mussten die Ausgesiedelten selbstverständlich Deutsch sprechen, eine strenge Lagerordnung einhalten, und es gab keinen Schulunterricht für die Kinder. Die Deutschen hatten jedoch den Zusammengehörigkeitsfaktor total unterschätzt, der sich bei den aus benachbarten Dörfern ausgesiedelten Slowenen in der Fremde entwickelt hatte. Die Männer besorgten sich außerhalb des Lagers Arbeit, man schickte auch die größeren Mädchen in den Dienst in Haushalte in der Nähe, man organisierte Unterricht für die Kinder, Chorgesang und andere Kulturangebote. Die Halbschwestern von Thomas erreichten, so wie er übrigens auch, ein sehr hohes Alter. Niemand konnte seinen Schwestern aber jemals wieder die Angst nehmen, die sie vor Bespitzelung und Abtransport in die Fremde hatten.

Auch der Familie von Heinrich hatte der Hass auf alles Slowenische übel mitgespielt. Nachdem das Regime durch die Aussiedelung nicht den erwünschten Erfolg erzielen konnte, gab es kurz vor Weihnachten 1943 eine noch radikalere Aktion zur Endlösung der Slowenenfrage in Südkärnten. Nachdem jeder reichsdeutsche Staatsbürger verpflichtet war, jede Person anzuzeigen, die stur gegen die obersten Anweisungen aus Berlin zuwider handelte, trugen auch viele tatsächlich dazu bei, dass sich die Aktendepots der Geheimen Staatspolizei zunehmends füllten. Und so kam man auf die Idee, sogenannte falsche Partisanen von Haus zu Haus zu schicken, damit diese auskundschaften, wer als Kollaborateur zu verhaften sei.

Nach Hitlers Übergriff auf Jugoslawien im April 1941 löste sich dieser Staat zunächst binnen kürzester Zeit auf. Er wurde in drei Teile geteilt, die zu Österreich, Ungarn und Italien kamen. Dann formierte sich der jugoslawische Widerstand gegen den Okkupator, wobei in diesem Fall die Partisanen sehr bald unter der Führung von Josip Broz, genannt Tito, die alleinige Macht ergriffen. Die organisierte Befreiungsfront griff auf Südkärnten über und requirierte auch hier Partisanen. Diese waren in strengen Verbänden gegliedert, durch Decknamen abgesichert und nur durch das entsprechende Losungswort ansprechbar. Die Botendienste waren nach einem streng geheimgehaltenen Schema organisiert, sodass die Auffindung von Bunkern oder Lagern für Waffen und Arzneimittel sowie eine Nachverfolgung von Treffpunkten oder eine großangelegte Aushebung von solchen Verbänden unmöglich erschien.

Als dann im April 1942 viele slowenische Familien ins Reich ausgesiedelt wurden und welche im gleichen Jahr noch zurückkamen und den anderen Gleichgesinnten eben auch erzählten, dass die noch Ausgesiedelten niemals die versprochenen Höfe bekommen würden, als sie binnen kurzer Zeit vor dem absoluten Nichts standen, weil die Kanaltaler hier nicht zu wirtschaften verstanden, schon ganz besonders nicht auf den Bergbauernhöfen, auf denen es im Mai und Juni noch Schneefall und im Sommer starke Hagelverwüstungen gab, und nachdem eben Burschen, die aus religiöser Überzeugung nicht fürs Deutsche Reich kämpfen wollten und nach Jugoslawien geflüchtet waren, von dort zurückgekommen waren, weil sie auch für die kommunistische Idee nicht mit der Waffe zu kämpfen bereit waren, nachdem es schon sehr viele Gefallene und schwer Verwundete gegeben hatte, entschieden sich eben immer mehr Burschen, sich in den Karawanken solange zu verstecken, bis dieser Spuk zu Ende sei.

Wie bereits ausgeführt, waren von der Familie Weber die fünf ältesten Söhne schon gleich bei Kriegsbeginn oder bald danach eingezogen worden, sodass Heinrich, Friedrich, Rudolf, Josef und Clemens von Anfang an an verschiedenen Fronten kämpften. Sie schrieben vor allem ihrer Mutter immer wieder nach Hause, dass es ihnen gut gehe. Im Laufe des Krieges kämpften sie in Frankreich, in Finnland, in Norwegen, in Russland, in Jugoslawien und noch wo. Und nur Rudolf gefiel dieser Dienst ausgezeichnet, denn in Frankreich hatte er neue Zähne bekommen, er sah einiges von Europa und er wollte Karriere machen, denn er wollte ja dann irgendwann auch bei der Polizei nicht mehr den untersten Rängen angehören.

Doch irgendwie klappte das mit seiner Beförderung während des ganzen Krieges nicht so richtig. Er wollte sich beschweren, überlegte sich dann aber doch jedes Mal eine solche dienstliche Eingabe zu machen. Wenn er mit seiner extravaganten Uniform auf Heimaturlaub kam, faszinierte er Lukas sehr. Der wollte ihm nacheifern und konnte seine Einberufung schon kaum erwarten, schließlich war es so weit. Seine letzte Nachricht stammte dann von irgendwo aus der Ukraine. Dann war es still um Lukas geworden, sodass seine Mutter auch ein halbes Jahr nach Kriegsende noch nicht wusste, was aus diesem Sohn geworden war. Sie betete für ihn, sie flehte seinen Namenspatron, den Evangelisten Lukas, den sie sehr verehrte, und die Heilige Martha an, ihn wohlbehalten wieder nach Hause kommen zu lassen.

Nach dem Jugoslawienfeldzug war ja Heinrich als ältester Sohn schon wieder wohlbehalten nach Hause gekommen, sodass er den jüngsten Geschwistern und seiner Mutter bei der Bewirtschaftung des Hofes helfen konnte, wobei er sich aber vor allem auf die Instandsetzung der Gebäude, des Fuhrparks und der Gerätschaften sowie des Hausrates konzentrierte, soweit er dies als gelernter Zimmermann eben auch selber ausführen konnte. Aber es war in der schwierigen Zeit des letzten Kriegsjahres wenigstens ein Mann zu Hause, der zu arbeiten und zu wirtschaften verstand, denn Vater Heinrich war vor Weihnachten 1943 verhaftet worden.

Der jüngere Bruder Matthäus war zwar eingerückt, blieb aber nach dem ersten Heimaturlaub zu Hause, stellte sein Gewehr zu Hause in ein Versteck und ging mit anderen in den Untergrund. Er versteckte sich in den Karawanken, wo er sich sehr gut auskannte, hatte er doch schon als Bub dem Onkel mütterlicherseits immer wieder auf dessen Hof, hoch oben in dieser Bergregion, ausgeholfen, sodass er viele geeignete Schlupfwinkel kannte. Zudem hatte er in seiner Schwester Theresia eine Verbündete, die zwar mit einem Unteroffizier verheiratet war, der kein Slowenisch konnte, die für ihre Ursprungsfamilie aber immer voll da war.

Zum Heinrich-Hof gehörte auch eine Hausmühle, in der man wohnen konnte, die ziemlich abseits des Dorfes lag, in schwer zugänglichem, nachts nicht beleuchtetem Gelände, nahe am Bach. Damit man nun in den letzten Kriegsjahren und danach keine Einwohner einquartiert hatte, meldete Theresia mit ihren Kindern dort ihren ständigen Wohnsitz an, denn zu Hause führte inzwischen ja ihr Bruder Heinrich wieder das Kommando. Zur Unterstützung nahm sie den immer kränkelnden Johann, ihren jüngsten Bruder, mit in die Mühle, der wegen seines Herzleidens nie einrücken musste und weder Stall- noch Feldarbeit verrichten konnte. Sie teilte sich den Tagesablauf so ein, dass sie bei Tag zu Hause am Hof auf dem Feld mithalf, während dort die jüngste Tochter Herta bereits den Haushalt führte, zumal Mutter Martha erstens schon alt war und zudem an schwerer Bronchitis litt, sodass sie nur noch beten und hoffen konnte, dass alles wieder gut werden würde.

Während Theresia am Hof arbeitete, spielten ihre Kinder mit den Kindern der anderen Geschwister im Haus, bei Oma und Tante Herta, sodass Johann in der Mühle den ganzen Tag in Ruhe schlafen konnte, denn ihm konnte das auch eine Polizei- oder Gendarmeriestreife nicht verwehren. Johann machte früher zu Hause leichte Arbeiten wie Korbflechten, Säcke flicken, Rechenzähne ersetzen und Ähnliches. Er war also weder körperbehindert noch geisteskrank, sondern er hatte ganz einfach ein schwaches Herz, das nicht so ganz rhythmisch schlug. Theresia kehrte immer noch bei Tageslicht mit ihren Kindern in die Mühle zurück, versorgte dort die Hühner und den Gemüsegarten und ihren kleinen Haushalt. Während nun sie und ihre Kinder in der Nacht fest schliefen, hielt Johann Wache und zugleich Ausschau nach Matthäus, mit dem er ein besonderes Zeichen ausgemacht hatte, wenn er wieder Nahrungsmittel brauchen würde, wenn er sich waschen oder frische Wäsche anziehen wollte. Das funktionierte eigentlich wunderbar, sodass beide Söhne den Krieg relativ gut überstanden.

Friedrich, Josef und Clemens waren im Laufe des letzten halben Jahres zu Hause eingetrudelt, jeder aus einer anderen Ecke Europas. Sie schlossen ihre Liebsten in ihre Arme, ordneten ihr Familienleben neu, suchten eine Arbeit, aber sie waren sehr geknickt über die Wunden, die ihnen die letzten Jahre trotzdem geschlagen hatten. Priska war zwar nach dem Überfall auf Jugoslawien von dort nach Hause zurückgekehrt, sie war aber mit einem Partisanen liiert, heiraten konnten und wollten sie nicht, weil zumindest einer von ihnen sein Heimatland für immer hätte verlassen müssen. Und so brachte sie Ende Mai 1942 einen Sohn als uneheliches Kind zur Welt, was vorerst weiters nicht ins Gewicht fiel, denn der Führer brauchte viele Soldaten.

Hemma hatte sich in einen Fahnenflüchtigen aus einem anderen Dorf verliebt, der sich ebenfalls in den Karawanken versteckte, wobei sich aber weder er noch Matthäus jemals mit Partisanen trafen. Sie gingen ihnen systematisch aus dem Weg. Nun kamen kurz vor Weihnachten 1943 die sogenannten falschen Partisanen auch in diesen Ort. Sie gingen auch tatsächlich von Haus zu Haus und begannen beim Mesner mit ihrer Befragung bzw. Erkundung. Nach einigen weiteren Häusern waren sie bereits auf dem Weg zum Heinrich-Hof, denn besonders im letzten Haus hatten sie den entscheidenden Hinweis auf strafbare Handlungen erhalten. Die beiden Kroaten, die ausgezeichnet Slowenisch sprachen, kamen also zum Heinrich-Hof, gaben sich als Partisanen aus und fragten nach Waffen. Nachdem ihnen nun Priska die versteckte Waffe von Matthäus ausgehändigt hatte, gingen die beiden Kroaten ganz normal wieder vom Hof.

Inzwischen hatte die Geheime Staatspolizei mit Hilfe des Ortsgendarmen, der Gemeindebediensteten und an Hand von allerhand illustren Angaben der Ortsbevölkerung gegenüber den beiden Kroaten, sowie durch Verhöre in der Gestapo-Stelle in der Stadt ein ausführliches Dossier über die staatszersetzenden Aktivitäten der Familie Weber, vor allem durch das Familienoberhaupt Heinrich sowie durch die beiden ältesten Töchter Priska und Hemma zusammen getragen, was übrigens für alle Familien galt, die nach wie vor Slowenisch sprachen und sich nur in geringster Weise antinationalsozialistisch verhielten. Es fand sich schon wer, der gegen die Slowenen aussagte oder sie anzeigte.

Und so wurden am Tag vor dem Weihnachtsabend des Jahres 1943 Vater Heinrich Weber und seine beiden ältesten Töchter Priska und Hemma von der Gestapo verhaftet und ins Gestapo-Verhör in die Stadt gebracht. Zu diesem Zeitpunkt hatte Theresias Mann übrigens Urlaub. Ob er seinen Schwiegervater und seine beiden Schwägerinnen verpfiffen hatte, konnte nie herausgefunden werden, denn viele Gestapoakten wurden kurz vor Kriegsende vernichtet. Und nach dem Krieg interessierte sich auch kein einziger Familienangehöriger mehr für diese alten Geschichten.

Jedenfalls erfuhr Theresias Mann nie davon, wo sich Matthäus aufgehalten hatte und wann er zur Mühle gekommen war, zumindest war also in der engsten Familie keine undichte Stelle, denn wenn ihr Mann da war, dann wohnte Theresia mit ihrer Familie im Heinrich-Hof, der für alle neuen Familien genug Platz aufwies. Sie ging dann einmal pro Tag zur Mühle, um nach den Hühnern zu sehen und um Johann sein Essen zu bringen, der ständig dort wohnen musste, damit man wegen der Wohnungsnot keine Einwohner zugeteilt bekam. Inwieweit nun aber Theresias Mann als Unteroffizier in die örtliche Partisanenbekämpfung einbezogen war, wird auch niemals geklärt werden können, denn nach dem Krieg wurde über solche Sachen jahrelang nicht gesprochen, und inzwischen sind alle Beteiligten verstorben. Jedenfalls war Theresia mit ihrem Mann gerade im Kino gewesen, als sie von der Gestapo herausgeholt worden war, mit dem Bemerken, dass sie sofort nach Hause gehen müsse, zumal man soeben ihren Vater und zwei ihrer Schwestern verhaftet hatte. Diese Aufforderung an Theresia war notwendig, denn es waren ja nur noch Mutter Martha und Schwester Herta sowie Theresias Kinder zu Hause.

Beim Verhör in der Stadt wurde Heinrich Weber Fremdsender-Hören angelastet, Tochter Priska wurde nachgewiesen, mit welchem ehemaligen jugoslawischen Staatsbürger und Partisanen sie ihren Sohn hatte, Tochter Hemma war gerade schwanger, und es war allgemein bekannt, dass sie mit einem gewissen Fahnenflüchtigen verlobt war. Priskas Sohn war der Verhaftung entgangen, weil er gerade bei Onkel Johann in der Mühle weilte, als die Gestapo-Beamten auf den Heinrich-Hof gekommen waren.

Die drei Verhafteten der Familie Weber kamen mit vielen anderen Gefangenen von der Gestapo-Stelle der Stadt nach Klagenfurt ins Gestapo-Hauptquartier, wo sie unter vielen Qualen weiter verhört wurden. Einige Verhafteten kamen übrigens schon gleich am nächsten Tag wieder von der Stadt nach Hause. Entweder waren sie wirklich unwissend oder sie hatten alles gesagt, was die Polizeibeamten von ihnen wissen oder hören wollten. Auf dem Weg nach Klagenfurt hatte Heinrich Weber seiner Tochter Priska noch gesagt, wer seiner Meinung nach an ihrer Verhaftung schuld sei. Dies teilte er ihr mit, damit sie es wisse, falls er nicht mehr nach Hause zurückkehren würde. Tochter Hemma war für solche Botschaften zu sensibel. Deshalb verschonte Vater Heinrich sie auch diesmal vor solch eindeutigen Einzelheiten.

Heinrich Weber kam von der Gestapo-Hauptzentrale in Klagenfurt zusammen mit anderen Reichs-Schädlingen, wie zum Beispiel Bibelforschern, Homosexuellen, den Dienst mit der Waffe verweigernden Buben, Roma, Sinti und Slowenen in das Männer-KZ nach Dachau, wo er einige Wochen später bereits verstarb. Theresia hatte von der Verhaftung keinem Bruder an die Front geschrieben, weil sie keinen Staub aufwirbeln wollte. Sie wollte wenigstens Matthäus und Johann gut über diese schreckliche Zeit hinüber bringen. Nur Clemens wusste von Anfang an davon, weil er damals zufällig auch gerade Heimaturlaub hatte, zum fraglichen Zeitpunkt aber eben mit dem kleinen Sohn von Priska bei Johann in der Mühle weilte. Sohn Heinrich erfuhr davon, als er einige Monate nach Vaters Tod aus Jugoslawien nach Hause zurück kehren durfte, nachdem auch Lukas zur Deutschen Wehrmacht eingerückt war.

Jedenfalls erhielt Theresia die Todesnachricht von ihrem Vater, wahrscheinlich wohl auch deshalb, weil erstens kein einziger volljähriger Mann zu Hause war und zweitens weil die Tatsache doch inzwischen amtsbekannt geworden sein muss, dass ihre Mutter bei der Ausstellung eines Reisepasses nicht mit dem Familiennamen ihres Mannes unterschrieben hatte, sondern mit ihrem Ledigennamen, sodass selbstverständlich sowohl der Reisepass als auch der entsprechende Antrag auf der Bezirkshauptmannschaft in der Stadt verblieben waren. Also hatte sie sich schon vor dem Krieg von den politischen Ansichten ihres Ehemannes ganz deutlich distanziert.

Diese Todesnachricht enthielt neben dem Totenschein und einem Beileidschreiben auch ein Blatt mit der Todesursache, die schon allein dadurch als Fiktion erkenntlich war, weil sie mit Schreibmaschine in das entsprechende Formular eingesetzt worden war. Tochter Theresia bat, wohl auf Anraten ihrer Mutter, den Ortspfarrer um ein stilles Begräbnis der hölzernen Urne, die dann auch irgendwann eingetroffen war. Eine Inschrift konnte am Dorffriedhof nicht angebracht werden, weil man damit auch den Pfarrer ins KZ geschickt hätte.

Die Schwestern Priska und Hemma wurden ins Frauen-KZ Ravensbrück gebracht, wo Priska bis zum Kriegsende nacheinander sowohl in der Waffenproduktion als auch in der Schneiderei gearbeitet hatte. Sie schrieb regelmäßig Briefe nach Hause und fragte vor allem nach dem Wohlergehen ihres Sohnes, der bei Tante Theresia und Tante Herta sowie bei Großmutter Martha gut aufgehoben war. Priska konnte den Nazis und allen, die sie verpetzt hatten, nie verzeihen. Sie revoltierte auch im KZ und leistete dort zum Beispiel Widerstand, indem sie fehlerhafte Munition herstellte.

Hemma war nervlich total überfordert mit dieser Situation, sodass sie zur Geburt ihres Kindes in die Psychiatrie nach Klagenfurt gebracht worden war, wo man ihr ihre gesunde Tochter gleich nach der Geburt weggenommen hatte. Nach drei Tagen tauchte dieses Baby erst auf der Kinderstation auf, wo es zirka zehn Tage später auch verstarb. Man gab dem Mädchen allerhand zweifelhafte Medikamente, sodass sie blutigen Stuhl bekam und unter Unterernährung litt. Sie hatte hohes Fieber, bekam eine Lungenentzündung und verstarb dann schlussendlich an Herz-/Kreislaufversagen, wie viel später aus dem Obduktionsbericht zu entnehmen war. Die nationalsozialistische Verwaltungsmaschinerie hatte nicht nur ganz genau bestimmt, wer ein Anrecht auf Leben hatte, sondern sie hatte die Beseitigung unwerten Lebens sehr straff organisiert und zudem extrem genau dokumentiert.

Hemma wurde nach einiger Zeit wieder zurück ins KZ nach Ravensbrück gebracht, wo sie sich dann zur Arbeit am Krautacker meldete, da konnte sie nämlich Kraut-Blätter stehlen und essen, um zu überleben. Beide Schwestern nahmen dort übermäßig viel ab, beide verloren alle ihre Zähne, beide waren ihr Leben lang von den dort erlittenen Strapazen gezeichnet. Beide erlebten ihre Befreiung. Priska war mit einer Mitgefangenen auf dem Todesmarsch unterwegs, als sie beschlossen, sich im Wald zu verstecken. Das gelang ihnen, bis die Amerikaner kamen. Sie gingen gemeinsam dorthin, wo die KZ-Freundin zu Hause war, irgendwo in der Umgebung von Berlin. Dann ging Priska alleine von dort zu Fuß nach Wien, wo sie bei einer Verwandten Unterkunft und Nahrung bekam, bis sie so stark war, die Heimreise nach Kärnten antreten zu können.

Hemma gelangte irgendwie nach Salzburg, von wo sie mit einem Güterzug in die Stadt in der Nähe von zu Hause zurückkehrte, von der aus sie in einem ebensolchen Waggon eineinhalb Jahre vorher nach Klagenfurt gebracht worden war. Von der Stadt ging sie zu Fuß nach Hause. Hemma war zeitweise so verwirrt, dass sie nach ihrer Tochter suchte, obwohl sie ganz genau wusste, dass diese bereits verstorben war. Beide, Priska und Hemma, haben nach dem Krieg geheiratet und in der Nähe ihres Geburtsdorfes gelebt. Priska konnte ja ihren geliebten Tito-Partisanen ehelichen, Hemma verliebte sich in einen anderen Mann, denn der Vater ihrer verstorbenen Tochter wurde bei Kriegsende von einem einheimischen Gendarmen hinterrücks erschossen, als er sich in seinem Dorf was zu essen holen wollte.

Von Rudolf hatte Schwester Martha in der Schweiz über das Internationale Rote Kreuz eine Postkarte bekommen. Er war in russische Kriegsgefangenschaft geraten. Nur von Lukas gab es noch keine Nachricht. Mutter Martha betete nach wie vor für ihn und für alle, denn jetzt konnte es ja nur noch besser werden, nach diesen Irrungen und Strapazen.

Mutter Martha betrachtete ohne Hass und Neid auch das Leben der sogenannten deutschen Familien. Da war nur zu oft der einzige Sohn gefallen oder der Besitznachfolger war im Felde geblieben und hinterließ eine Witwe und kleine Kinder. Und oft genug kam es dann vor, dass man einem jüngeren Sohn den Hof überschrieb, denn wie sollte denn eine Frau allein mit kleinen Kindern in den Jahren nach dem Krieg zu Recht kommen, wenn dies schon für ehemalige Soldaten so schwer war.

Zu Sylvester 1950 hatte Martha Weber alle ihre vierzehn Kinder wenigstens im Geiste wieder vereint. Sohn Rudolf war nach langer russischer Kriegsgefangenschaft als kranker Mann heimgebracht worden. Er war von mehreren Lungenentzündungen und dem ständigen Nahrungsmangel so entkräftet, dass ihn vier Männer in einem Leintuch auf den Hof getragen hatten. Es dauerte dann sehr sehr lange, bis er sich soweit erholte hatte, dass er sich wieder bei der Polizei melden konnte, und zwar war jetzt eine Dienststelle in Wien für ihn zuständig. Die warf ihm vor, sich nicht an den Dienstweg gehalten zu haben, weil er sich nicht sofort beim Eintreffen auf österreichischem Staatsgebiet zum Dienst respektive krank gemeldet hatte. Auch Rudolf hatte jetzt eben keinen Vater mehr, der sich im Schriftverkehr mit den Behörden genau ausgekannt hatte und der während der Abwesenheit von Familienmitgliedern deren Agenden immer miterledigt hatte.

Schließlich war auch Sohn Lukas im Großen und Ganzen unversehrt nach Hause gekommen. Er war nach seinem

Einsatz in der Ukraine in Norditalien in amerikanische Kriegsgefangenschaft geraten und musste sich wegen seiner angeblichen Parteimitgliedschaft in der NSDAP sogar vor Gericht verantworten. Schließlich war es ihm gelungen, die Behörden davon zu überzeugen, dass er nur von Rudolfs Uniform begeistert war, dass er aber eigentlich mit dem Gedankengut des Nationalsozialismus nichts am Hut hatte, stammte er doch aus einer Kärntner slowenischen Familie, die eben wegen der unehelichen Geburt seines Vaters den deutschen Namen von dessen Mutter trug. Lukas hatte erst beim Verhör durch die Amerikaner von den Massenvernichtungsstätten der Deutschen gehört. Dass sein Vater in einer solchen zu Tode kam, davon erfuhr er während des Verfahrens durch seinen Pflichtverteidiger, der entsprechend recherchiert hatte. Denn dieser Offizier, dieser amerikanische Fachmann, konnte mit gutem Grund annehmen, dass in der engeren Familie irgendwelche Widerstandskämpfer zu finden sein müssten.

Viereinhalb Jahre nach Kriegsende waren also alle Söhne der Familie Weber, die eingerückt gewesen waren, wieder in ihre Heimat zurückgekehrt. Priska und Hemma lebten mit ihren Familien, wie bereits erwähnt, in Nachbardörfern. Martha und Käthe waren in der deutschsprachigen Schweiz verheiratet, Heinrich bewirtschaftete den Heinrich-Hof und er dachte daran, seine ehemalige Jugendliebe zu ehelichen, allerdings musste er noch ein bisschen warten, bis alle Brüder und Schwestern ausgeheiratet sein würden.

Theresia zog mit ihrem Mann und den Kindern von zu Hause weg, allerdings auch nicht sehr weit, denn sie wollten sich in Kürze ein eigenes Häuschen erbauen und da war Nachbarschaftshilfe immer willkommen. Friedrich bekam die Hausmühle und lebte fortan mit seiner Familie dort. Johann zog nach Hause zur Mutter und stand ihr im Alter bei, denn Herta hatte inzwischen einen Bauern geheiratet.

Rudolf ging nach seiner Genesung wieder zur Polizei, wie vorgesehen nach Wien. Josef und Clemens gingen als Dienstboten in die Schweiz, wo sie soviel Geld verdienen wollten, um sich dann eine Ausbildung leisten zu können, die sie wegen des Anschlusses und des Krieges versäumt hatten. Josef wollte Drucker werden, denn als solcher würde er mit Schriften zu tun haben, sodass er sich so weiterbilden konnte, um später auch selber Bücher schreiben zu können. Und Clemens wollte Grafiker werden, weil ihn Zeichnen schon immer faszinierte und er auch Talent dazu hatte.

Lukas schließlich träumte von Amerika. Er hatte Vater schon immer danach gefragt, wie es dort sei, wie die Küste ausschaue, denn Vater Heinrich war im Jahre 1907 mit einem Schiff von Liverpool nach New York gefahren, um sich vor der Hofübernahme die Welt anzusehen. Und wenn Vater davon erzählt hatte, dann hatte Lukas immer schon leuchtende Augen bekommen. Daher beschloss er nach seiner Rückkehr aus der Gefangenschaft in der Stadt bei einer Baufirma den Sommer über im Akkord zu arbeiten. Und im Winter würde er die Baumeisterschule besuchen und auch fleißig Englisch lernen, damit ihm der Sprung ins gelobte Land leichter und besser gelingen würde.

Matthäus schließlich konnte bei einem Fliesenleger in der Stadt unterkommen. Auch er wollte in seinem Beruf weiter kommen. Sein Chef hatte ihm versprochen, ihn in Kurse zu schicken, damit er die Lehre, auch als Ofensetzer, denn man würde die alten Kachelöfen reparieren müssen, nachholen könne. Und dann wollte auch er den Meisterkurs besuchen und die Meisterprüfung ablegen.

Theresias größter Wunsch war jedoch, dass die beiden Schwestern aus der Schweiz nach Hause auf Besuch kommen würden, solange Mutter Martha noch lebte. Unter den in Österreich lebenden Weber-Geschwistern wurde vereinbart, den Heinrich-Hof so herzurichten, dass dort nicht nur Bruder Heinrich und seine zukünftige Familie würden gut leben können, sondern dass sich die Geschwister, die sich das leisten konnten oder wollten, einmal im Jahr zu Hause treffen würden, um miteinander zu feiern, Geschichten zu erzählen und laut über die Weltgeschichte nachzudenken.

Die in der Schweiz verheirateten Schwestern würden mit ihren Familien nie gleichzeitig auf Urlaub kommen, auch die beiden dort arbeitenden Brüder nicht. Wenn Lukas nach Amerika ginge, dann würde er viele Jahre nicht nach Hause kommen. Und wahrscheinlich würde Matthäus wohl gerne mit ihm gehen, denn auch die beiden waren so was wie ein Paar, jedenfalls im Frieden. Auf dem Heinrich-Hof sollte also eine eigene Wohnung geschaffen werden, damit jedes Kind Mutter Martha und Bruder Johann jederzeit würde besuchen können. Für die in der Nähe wohnenden Geschwister war das sowieso kein Problem. Und Johann würde erst nach Mutters Tod in einen Orden eintreten und vielleicht auch Medizin studieren.

Erzählungen über

ISBN 978-3-86870-382-5

16,95 Euro (D)

ein geglücktes Leben.

LMR9/11